LES DOSSIERS HACHETTE

LE DÉVELOPPEMENT DURABLE

cycle 3

CÉCILE DE RAM
PROFESSEUR DES ÉCOLES SPÉCIALISÉ

XAVIER KNOWLES
DIRECTEUR D'ÉCOLE D'APPLICATION

hachette
ÉDUCATION

Crédits photographiques

Rabat avant : h : © T. Heald / NPL / Jacana / GHFP. **m :** © G. Holland / Age Fotostock / Hoa-Qui / GHFP. **b :** © D. Heuclin / Bios. **Garde avant (planisphère) :** *ours polaire :* © S. Cordier / Jacana / GHFP ; *manchots empereurs :* © D. Tipling / NPL / Jacana / GHFP ; *salamandre :* © J.-C. Munoz / Age Fotostock / Hoa-Qui / GHFP ; *lamantin :* © K. Amsler / Jacana / GHFP ; *bonobo :* © J. et P. Wagner / Jacana / GHFP ; *orang-outan :* © A. et M. Shah / Jacana / GHFP ; *léopard des neiges :* © T. Walker / Imagestate / GHFP ; *grue blanche :* © T. Lazar / NPL / Jacana / GHFP ; *tigre de Sibérie :* © L. M. Stone / NPL / Jacana / GHFP ; *ara :* © M. G Meider / Age Fotostock / Hoa-Qui / GHFP ; *varan de Komodo :* © J.-C. Munoz / Age Fotostock / Hoa-Qui / GHFP ; *puma :* © K. Schafer / Imagestate / GHFP ; *koala :* © L. Rebmann / Explorer / Hoa-Qui / GHFP ; *kakapo :* © R. Bush / OSF / Bios ; *phoque moine :* © Di Dominico / Panda Photo / Bios ; *grenouille dorée :* © M. et P. Fogden / Minden Pictures / J. H. Editorial ; *corail :* G. Holland / Age Fotostock / Hoa-Qui / GHFP ; *grand requin blanc :* © K. Aitken / Age Fotostock / Hoa-Qui / GHFP. **P. 5 :** © A. Shah / Jacana / GHFP. **P. 6 :** © D. Drain / Still Pictures / Bios. **P. 7 :** © Deschamps / Wallis. **P. 8 h :** © I. Uimonen / Magnum Photos. **P. 8 b :** © Rex Interstock / Sunset. **P. 9 h :** © C. Lambert. **P. 9 b :** © J. W. Rogers / Corbis. **P. 10 :** © C. Thiriet / Altitude. **P. 11 h :** © CG92. **P. 11 b :** © Association Nationale des Coureurs de Grèves © J.-L. et F. Ziegler / Bios. **P. 12 :** © X. Testelin / Rapho / GHFP. **P. 13 :** © P. Royer / Hoa-Qui / GHFP. **P. 14 :** © C. Vasconcellos / Altitude. **P. 15 :** © BSIP / Chassenet. **P. 16 :** © V. Muteau / Gamma / GHFP. **P. 17 :** © J.-M. Charles / Age Fotostock / Hoa-Qui / GHFP. **P. 18 :** © Bettmann / Corbis. **P. 19 :** © M. Yamashita / Rapho / GHFP. **P. 20 :** © L. Castaneda / Age Fotostock / GHFP. **P. 21 h :** © C. Holland / Photonica / Getty Images. **P. 21 b :** © P. Krauer / Corbis Sygma. **P. 22 hg et hd :** © Planet Observer / Hoa-Qui / GHFP. **P. 23 :** © J. Vink / Magnum Photos. **P. 24 :** © Salon des Énergies renouvelables. **P. 25 h :** © ADEME. **P. 25 b :** © Ministère de l'Écologie et du Développement durable, juin 2006. **P. 26 h :** © Owaki-Kulla / Corbis. **P. 26 b :** © D. Vervits / Photonica / Getty Images. **P. 27 :** © A. Kearney / Age Fotostock / Hoa-Qui / GHFP. **P. 29 h :** © L. Lefkowitz / Corbis. **P. 29 b :** © G. Halary / Rapho / GHFP. **P. 30 :** © G. Rolle / REA. **P. 31 b :** © Mauritius / Photononstop. **P. 32 :** © C. Cohort. **P. 33 :** © Du Huaju / Xinhua / Corbis. **P. 34 :** © A. J. Geisser / Age Fotostock / Hoa-Qui / GHFP. **P. 37 :** © Hydrohélix Énergies. **P. 38 :** © Japack / Sunset. **P. 39 :** © Archiv Berlin / Sunset. **P. 40 :** © S. Grandadam / Hoa-Qui / GHFP. **P. 41 h :**© ADEME / Ministère de l'Écologie et du Développement durable. **P. 41 b :** © I. Hanning / REA. **P. 43 :** © R. Forbes / Age Fotostock / Hoa-Qui / GHFP. **P. 44 :** © Image-et-Stratégie / Ville de Paris. **P. 46 et 47 :** © VAW / ETH Zürich. **P. 48 d et g :** © ACIA Graphics / AMAP. **P. 49 h :** © C. Mattison / Age Fotostock / Hoa-Qui / GHFP. **P. 49 b :** © S. Murrell / Imagestate / GHFP. **P. 50 :** © J. Schytte / Still Pictures / Bios. **P. 51 :** © F. Latreille / Hoa-Qui / GHFP. **P. 52 hg :** © Imagestate / GHFP. **P. 52 hd :** *puits à Zagora (Maroc) :* © M. Renaudeau / Hoa-Qui / GHFP. **P. 52 bg :** *désert en Namibie, parc national de Namib-Naukluft :* © F. Krahmer / Age Fotostock / Hoa-Qui / GHFP. **P. 52 bd :** © S. Larsen / Stone / Getty Images. **P. 53 h :** © H. Gloaguen / Rapho. **P. 53 m :** © L. Taylor / Corbis. **P. 53 b :** © Diagentur / Sunset. **P. 55 :** © P. Roy / Hoa-Qui / GHFP. **P. 56 :** © C. Boisseaux / La Vie / REA. **P. 57 :** © LifeStraw / Vestergaard Frandsen. **P. 58 h :** © X. Knowles. **P. 58 b :** © Dr. C. Aveling. **P. 59 :** © P. De Wilde / Hoa-Qui / GHFP. **P. 60 :** © S. Cordier / Jacana / GHFP. **P. 61 h :** © M. Gunther / Bios. **P. 61 b :** © M. G. Meider / Age Fotostock / Hoa-Qui / GHFP. **P. 62 g :** © WWF. **P. 62 d :** © E. Baccega / Jacana / GHFP. **P. 63 :** © M. Nascimento / REA. **Rabat arrière : h :** © O. Föllmi / Rapho / GHFP. **b :** © C. Périnot, cactophile dans l'Hérault. **m :** © P. Joussiffe / Science Photo Library / Cosmos.

Responsable éditoriale : Stéphanie-Paule SAÏSSE

Assistante d'édition : Delphine DEVEAUX

Création de la maquette de couverture : Laurent CARRÉ

Exécution de la maquette de couverture : TYPO-VIRGULE

Création de la maquette intérieure : Laurent CARRÉ

Mise en pages : TYPO-VIRGULE

Illustration de la couverture : Alain BOYER

Illustrations :
Gilles POING (graphiques et dessins techniques), Valérie STETTEN (fonds matières des bandeaux et des textes) et Nathalie DESVERCHÈRE (fonds matières des « Blocs-Notes »)

Cartographie : DOMINO (Nathalie GUÉVENEUX)

Recherche iconographique : Élise LABRO et Delphine DEVEAUX

Fabrication : Isabelle SIMON-BOURG

Cet ouvrage est imprimé sur du papier composé de fibres naturelles, renouvelables, recyclables, et fabriqué à partir de bois issu de forêts gérées de façon durable conformément à l'article 206 de la loi n° 2010-788 du 12 juillet 2010.

ISBN : 978-2-01-117381-2

AVANT-PROPOS

L'éducation à l'environnement existe à l'école élémentaire depuis une circulaire datant de 1977. Depuis la circulaire du 08 juillet 2004, l'Éducation à l'environnement pour un développement durable (E E D D) est devenue partie intégrante de la formation des élèves, tout au long de leur scolarité.

L'objectif de cette E E D D est de permettre aux élèves de prendre conscience des questions environnementales, économiques et sociales pour qu'ils cernent et perçoivent mieux l'interdépendance des sociétés et l'importance d'une solidarité mondiale. C'est aussi l'occasion de les impliquer en tant que futurs citoyens dans la nécessité d'adopter des comportements responsables et solidaires vis-à-vis des problèmes environnementaux.

Le **DOSSIERS** Développement durable est découpé en neuf chapitres qui se composent chacun :
– d'une double page présentant une problématique environnementale, occasion de déclencher un débat dans la classe à l'aide de photographies ;
– d'une double page pour s'interroger sur les causes ou les conséquences d'un phénomène et pour approfondir le sujet en s'appuyant sur des photographies, des graphiques, des articles de presse, des témoignages, des croquis…
– d'une double page proposant des solutions ou des pistes de réflexion. La page s'achève par une leçon récapitulative, le « Bloc-notes », qui propose également des solutions pour impliquer l'enfant dans sa vie quotidienne.

Après les 3e et 6e chapitres, une double page *À la manière de* permet de :
– concevoir un atelier de communication par la réalisation d'une publicité ;
– établir collectivement des règles concernant la gestion des déchets avec la fabrication d'un jeu.

À la fin de l'ouvrage, un « Petit dictionnaire du développement durable » explique aux élèves les mots clés mis en rouge dans les « Blocs-notes ».

Afin de susciter des prises de conscience qui mèneront les élèves à des comportements responsables, ce dossier est à la fois un support et une base de documents permettant la mise en œuvre de projets, de débats dans le cadre du « Vivre ensemble » (ou de l'éducation civique) et surtout une aide précieuse aux actions éducatives.

Les auteurs

SOMMAIRE

LE DÉVELOPPEMENT

DURABLE

L'eau est-elle propre

Comment savoir si l'eau d'une rivière, d'un lac ou de la mer est propre ou polluée ?
La pollution de l'eau est-elle toujours visible ?

Doc. 1 : Des égouts se déversent dans la mer (Royaume-Uni).

1. D'où vient l'eau ?

2. D'après toi, cette eau est-elle polluée ? Pourquoi ?

ou polluée ?

Doc. 2 : La Méditerranée dans le Var (France).

3. Décris la photographie.

4. Compare la couleur de la mer avec celle du Doc. 1. D'après toi, la mer est-elle polluée ici ?

5. Une eau claire est-elle toujours propre ? Explique ta réponse.

Pourquoi l'eau

Les activités humaines polluent les milieux naturels aquatiques.
L'homme déverse des déchets dans les mers, les océans,
les rivières et les lacs.

Doc. 1 : Un oiseau victime d'une marée noire (Espagne).

Doc. 2 : Une marée noire (Pays-de-Galles, Royaume-Uni).

1. Qu'est-il arrivé à cet oiseau (Doc. 1) ?

2. D'où peut venir ce pétrole (Doc. 1 et 2) ?

3. Qu'est-ce qu'une marée noire ?

4. Pourquoi peux-tu dire que c'est une catastrophe écologique ?

Doc. 3 : Des détritus sur une plage (France).

5. Comment ces détritus sont-ils arrivés sur la plage ?

6. Qui a jeté ces détritus dans la mer ?

7. Pourquoi ces déchets polluent-ils la mer ?

Doc. 4 : Une fonderie de cuivre à proximité de la rivière Columbia (Colombie britannique, Canada).

8. D'après toi, pourquoi cette rivière est-elle polluée ?

9. Connais-tu d'autres activités humaines qui polluent l'eau ?

Comment lutter contre la pollution

Doc. 1 : Une rivière recouverte d'herbes pour lutter contre la pollution provoquée par les engrais utilisés dans l'agriculture (France).

1. Quelles substances utilisées dans l'agriculture polluent l'eau ?

2. Comment ces substances se retrouvent-elles dans l'eau ?

3. Comment limiter ces pollutions ? Écris un petit texte pour exprimer tes idées.

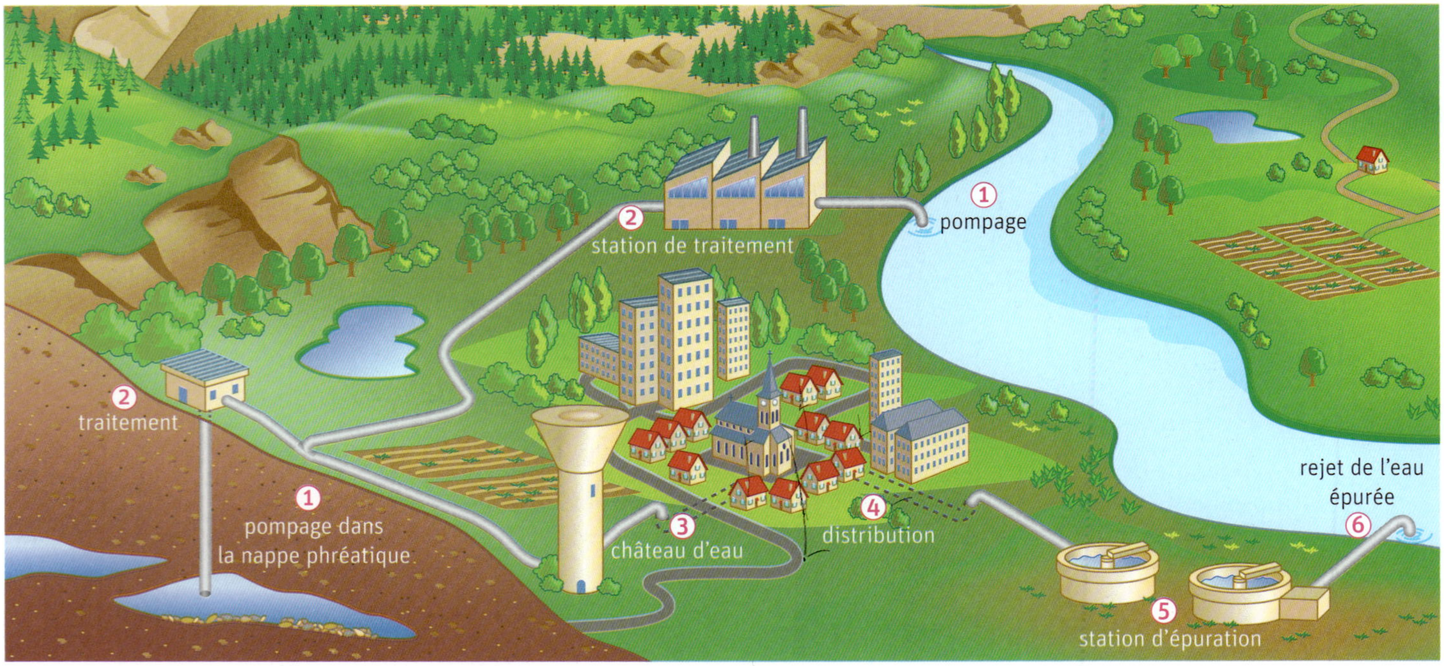

Doc. 2 : Les étapes du traitement et de l'épuration de l'eau.

4. D'où vient l'eau que nous consommons ?

5. Pourquoi faut-il traiter cette eau avant de la consommer ?

6. Pourquoi faut-il épurer l'eau consommée avant de la rejeter dans les rivières ?

LE *SÉQUANA* : UN AGILE NETTOYEUR

Depuis 2005, un petit bateau, le *Séquana*, est chargé de collecter les déchets sur la Seine (résidus de nettoyage des espaces verts des berges, sachets plastiques, bouteilles, emballages divers, cannettes de boissons, épaves, objets en caoutchouc, verre…). Sa petite taille lui permet de ramasser les déchets pouvant s'accumuler entre les bateaux et les berges.

Doc. 3

7. Quels types de déchets trouve-t-on dans la Seine ?

8. Que fait le bateau « Séquana » ?

Doc. 4 : Chaque année, des volontaires ramassent des détritus laissés sur une plage (France).

9. D'après toi, d'où viennent les déchets que les gens ramassent ?

10. Quelles solutions peux-tu proposer pour que les mers, les plages et les rivières ne soient plus polluées par les déchets ?

BLOC-NOTES

Les pollutions de l'eau

Les **pollutions** de **l'eau douce ou marine** dues **aux activités de l'homme** ont **des origines diverses** : agriculture, industrie, villes, transports, vie quotidienne…

Plus de **75 % des pollutions marines** viennent du **continent** : les déchets solides se comptent par millions au fond des mers et des océans.

Préserver l'eau

Les **pesticides** utilisés **dans l'agriculture** pour traiter les champs **entrent dans le sol**. L'eau de pluie les entraîne dans les rivières par le **ruissellement** ou dans les **nappes phréatiques** par l'**infiltration**. L'eau ainsi polluée intoxique les plantes et les animaux.

Les plantes fixent parfois certains pesticides. **Planter une bande d'herbe au bord des rivières** permet de réduire en partie les risques de pollution de l'eau.

Traiter l'eau

L'eau naturelle n'est en général pas potable. Avant d'arriver au robinet, elle doit être traitée dans des **stations de traitement des eaux** pour être rendue **consommable**.

Une eau naturelle trop polluée ne pourra plus être traitée pour être rendue potable.

Une fois utilisée par l'homme, l'eau est sale : ce sont les **eaux usées**. Elles sont **collectées dans les égouts**. L'homme doit alors nettoyer cette eau avant de la rejeter dans les cours d'eau. Ces traitements se font dans les **stations d'épuration**.

Agir au quotidien

Pour ne pas polluer l'eau :
- ramasse tes déchets et jette-les dans la bonne poubelle ;
- ne jette jamais de produits toxiques dans les toilettes.

L'air est-il propre

Comment savoir si l'air que nous respirons tous les jours est propre ou pollué ?

Doc. 1 : La pollution atmosphérique au-dessus de Turin (Italie).

1. D'où vient la brume au-dessus de la ville ?

2. L'air te paraît-il pollué ? Pourquoi ?

3. L'air est-il aussi pollué au sommet des montagnes que dans la vallée de Turin ?

ou pollué ?

Doc. 2 : Des campeurs autour d'un feu de camp.

4. D'où vient cette fumée ?

5. D'après toi, cette fumée pollue-t-elle l'air ? Pourquoi ?

6. Lance un débat avec tes camarades. Toutes les fumées polluent-elles l'air ? Toutes les pollutions de l'air sont-elles visibles ?

Les activités humaines polluent parfois l'air.
Les industries et la circulation automobile rejettent dans l'atmosphère des gaz polluants.

Doc. 1 :
Une zone industrielle à São Paulo (Brésil).

1. D'où viennent ces fumées ?

2. L'air est-il pollué ?

est-il pollué ?

Doc. 2 : Une bombe aérosol.
Durant des années, les bombes aérosol d'insecticide ou de peinture rejetaient dans l'atmosphère des gaz polluants à chaque utilisation. Depuis la Conférence de Montréal en 1987, la fabrication de ces gaz a été limitée au niveau mondial.

3. Qu'est-ce qu'une bombe aérosol ?

4. Que rejetaient toutes les bombes aérosol avant 1987 ?

5. Fais une recherche documentaire sur les gaz CFC.

6. La plupart des aérosols respectent aujourd'hui l'environnement. Recherche sur une bombe aérosol le logo qui l'indique. Dessine-le.

DES PICS DE POLLUTION EN ÎLE-DE-FRANCE

En Île-de-France, AIRPARIF recommande aux personnes à risques (jeunes enfants, personnes asthmatiques ou allergiques, insuffisants respiratoires chroniques, personnes âgées…) d'éviter toute activité physique intense et de respecter scrupuleusement les traitements médicaux en cours. TF1, le 18 juillet 1999.

La pollution atmosphérique s'est aggravée en Île-de-France. Tous les éléments étaient conjugués pour que des pics de pollution atmosphérique soient à nouveau enregistrés […] : une météo défavorable, avec du soleil et un vent faible, une circulation routière très intense. *Le Monde*, le 30 juillet 1999.

Doc. 3

7. Quelles sont les personnes à risques en cas de pollution atmosphérique ?

8. Quel type d'activité est déconseillé en cas de pics de pollution ?

9. Dans quelles situations la pollution s'aggrave-t-elle ?

10. D'où vient généralement la pollution atmosphérique dans les grandes villes ?

Comment lutter contre la pollution

Doc. 1 : Le périphérique parisien lors d'un pic de pollution.

1. De quelle pollution parle le panneau lumineux placé au-dessus de la route ?

2. Qu'est-ce qui provoque cette pollution ?

3. Qu'indique le panneau ?

4. À qui ce message s'adresse-t-il ?

Doc. 2

DES GESTES QUOTIDIENS

Les gestes de tous les jours contribuent ou non à la pollution de l'air.

- En hiver, 19 °C dans la maison, c'est suffisant. Un degré c'est 340 kg de CO_2 lorsque le chauffage est au fuel !
- En été, utiliser la climatisation de la voiture augmente la consommation de carburant de 20 % !
- Toute l'année, manger des fruits et des légumes de saison et/ou qui ont été cultivés dans le pays fait économiser jusqu'à vingt fois le carburant utilisé pour leur transport !
- 1 kg d'aluminium produit jusqu'à 1,3 kg de CO_2, alors mieux vaut acheter des bouteilles que des cannettes !
- Pour faire 1 km à pied ou en vélo, on produit 0 g de CO_2, en train 11 g, en bus 80 g, en voiture 150 g et en 4×4 jusqu'à 400 g ! Il faut savoir faire le bon choix pour respirer.

Vert l'Info, n° 17, septembre 2006.

5. S'il fait chaud en voiture, que peux-tu faire pour éviter d'utiliser la climatisation ?

6. Explique pourquoi manger des pêches en hiver contribue à la pollution de l'air.

7. Trouve d'autres moyens pour limiter la pollution de l'air au quotidien.

Doc. 3 : Le tramway à Bordeaux (France).

8. Quels moyens de transport vois-tu sur cette photographie ?

9. Qu'est-ce qu'un tramway ?

10. Pourquoi de plus en plus de grandes villes décident-elles d'installer un réseau de tramway ?

11. Cite d'autres moyens de transport qui ne polluent pas l'air.

UN MOTEUR MOINS POLLUANT

Le système « Stop and Start » se caractérise par l'arrêt du moteur juste avant et pendant l'immobilisation du véhicule (feux tricolores, embouteillages…). Sa remise en fonction est automatique et instantanée au « lâcher » de la pédale de frein lorsque le conducteur souhaite repartir. Ce système permet d'obtenir une diminution significative de la consommation de carburant tout en limitant les émissions de dioxyde de carbone (CO_2).

www.citroen.com/CWW/fr-FR (exclusivité Citroën).

Doc. 4

12. D'après toi, ce système peut-il être efficace dans les grandes villes ?

13. Trouve d'autres technologies non polluantes qui équipent les voitures.

BLOC-NOTES

La pollution atmosphérique

Elle peut être produite par les **fumées industrielles**, les **chauffages** domestiques et urbains, les **gaz d'échappement** des automobiles et de tous les moteurs, le **brûlage des déchets**, l'envol sous l'effet du vent de **poussières** et de **particules**…

Ces polluants peuvent s'accumuler au-dessus des villes et former une sorte de nuage pouvant bloquer une partie du rayonnement solaire.

Certains **gaz** peuvent être **dangereux pour la santé**, notamment des personnes fragiles, et provoquer des difficultés respiratoires.

Les technologies du futur

De **nouvelles technologies** sont développées **pour réduire l'émission de pollution**, notamment dans les transports : véhicule électrique, remplacement des produits pétroliers par des huiles végétales, des alcools, du gaz naturel…

Agir au quotidien

De plus en plus de grandes villes ont créé **des organismes de surveillance et de mesures de la pollution atmosphérique**, comme AIRPARIF à Paris.

Lors de pics de pollution, certaines villes ont mis en place des mesures afin de réduire cette pollution : circulation alternée, limitation de vitesse, gratuité du stationnement résidentiel, priorité au covoiturage…

Des **bulletins d'alerte** sont diffusés dans les médias afin de recommander aux personnes fragiles (personnes âgées, enfants en bas âge, personnes atteintes de maladies respiratoires) de rester chez elles et aux autres citadins de réduire au maximum leur activité physique.

Tu peux au quotidien privilégier tes déplacements à vélo ou en transports en commun (bus, tramway, métro…).

Qu'est-ce qu'un

Quelles sont les conséquences des phénomènes naturels sur la vie des hommes ?
Pourquoi est-il important d'évaluer les risques liés aux phénomènes naturels ?

Doc. 1 : Le volcan Helgafjell en éruption, en 1973 (Islande).

1. De quel type de phénomène naturel s'agit-il ?

2. Pourquoi ce phénomène représente-t-il un danger pour l'homme ?

risque naturel ?

Doc. 2 : Des bâtiments après le séisme de Kōbe, en 1995 (Japon).

3. Quel phénomène naturel a détruit ces bâtiments ?
4. Quelles sont les conséquences de ce phénomène pour les habitants ?
5. Pourquoi peut-on dire que les séismes représentent un risque naturel pour l'homme ?
6. Qu'est-ce qu'un risque naturel ? Propose une définition en t'aidant des Doc. 1 et 2.
7. À ton avis, tous les phénomènes naturels sont-ils des risques naturels ? Pourquoi ?
8. Et toi, habites-tu dans une zone à risques ?

Certains risques naturels se produisent
plus fréquemment qu'avant : les tempêtes, les ouragans,
les inondations, les glissements de terrain, les crues...
L'activité de l'homme augmente certains risques.

Doc. 1 : Une rue inondée à Berne (Suisse).

1. *Quel type de risque naturel présente cette photographie ?*
2. *D'après toi, quelles peuvent être les causes d'une inondation ?*
3. *Quelles sont les conséquences de ce risque naturel pour l'homme ?*
4. *En quoi l'activité de l'homme peut-elle favoriser les inondations ?*

naturels augmentent-ils ?

Doc. 2 : Pendant un cyclone (Floride, États-Unis).

5. Quel phénomène observes-tu sur cette photographie ?

6. Quelles conséquences un cyclone peut-il avoir sur la vie de l'homme ?

7. Quelles mesures peut-on prendre avant un cyclone pour se protéger ?

Doc. 3 : Une coulée de boue, en 2000 (Suisse).

8. D'où peut venir cette coulée de boue ?

9. Vers où se dirige-t-elle ?

10. Quelles vont être les conséquences ?

11. Quelles mesures l'homme peut-il prendre pour se protéger de ce type de risque naturel ?

Que peut faire l'homme face aux

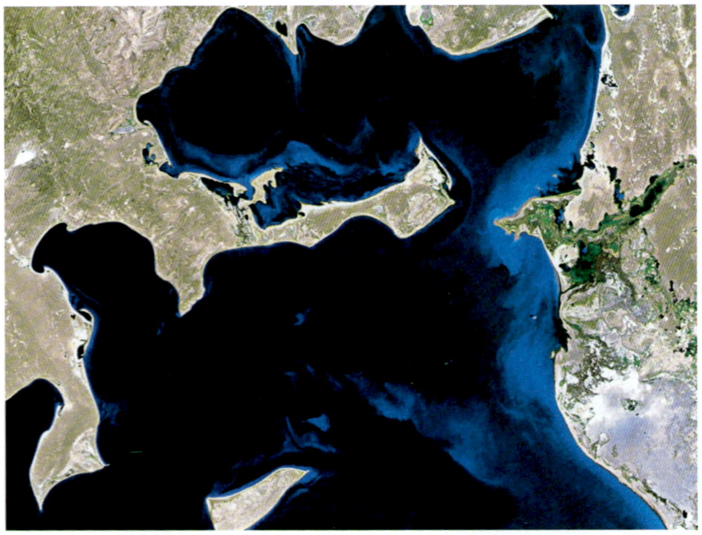

Doc. 1 : Image satellite de la mer d'Aral en Asie Mineure, en 1973.

Doc. 2 : Image satellite de la mer d'Aral en Asie Mineure, en 2000.

1. Situe la mer d'Aral sur un planisphère.

2. Qu'est-il arrivé à la mer d'Aral entre 1973 et 2000 ?

L'ASSÈCHEMENT DE LA MER D'ARAL

Nous sommes au Kazakhstan, aux frontières de la Russie et de la Chine. L'essentiel de ce pays est couvert de steppes désertiques. […] Au Sud-Ouest, on trouve ce qui reste de la mer d'Aral : 70 % du plan d'eau s'est évaporé depuis 1960, laissant un très grand lac […] dont l'eau est tellement salée qu'il ne reste pratiquement plus de poissons. […] À cette époque, la mer d'Aral est alimentée régulièrement en eau fraîche par [deux] fleuves. Cela suffit à compenser l'évaporation due à la chaleur dans cette région.
Les fleuves pompés pour l'agriculture [du coton] ne déversent plus [assez] d'eau dans la mer qui se vide inexorablement. [En 1990], la mer s'est coupée en deux : la « Petite Mer » au Nord et la « Grande Mer » au Sud. Celle-ci va alors rapidement se dégrader. […]
La construction d'un barrage qui ferme définitivement le petit canal reliant les deux mers [permettra-t-il à la Petite Mer] de survivre ?

Science et Vie junior, avril 2006.

Doc. 3

3. Quel phénomène naturel subit la mer d'Aral ?

4. En quoi ce phénomène est-il aggravé par l'activité de l'homme ?

5. Quelles en sont les conséquences sur la faune ?

6. Quelle solution est envisagée pour tenter de sauver la mer d'Aral ?

Doc. 4 : Les destructions après le tsunami (raz-de-marée) de décembre 2004 (Indonésie).

7. Que s'est-il passé ?

8. Décris les conséquences de ce risque naturel.

LA PRÉVENTION DES TSUNAMIS

Les tsunamis sont souvent dus à des séismes. Lorsqu'un séisme se produit, son mouvement peut être enregistré par des stations sismiques. Dès que l'alarme est donnée, on observe des détecteurs de marées installés le long des côtes. Si ceux-ci s'élèvent ou chutent rapidement, on peut supposer l'arrivée d'un tsunami important.
Les populations doivent ensuite être informées le plus rapidement possible (télévision, sirènes…). Il suffit de courir 10 minutes vers l'intérieur des terres (environ 2 km) pour être hors de danger, à condition d'être prévenu à temps.
Au Japon, on informe la population, on installe des systèmes d'alerte et on protège les rivages par la plantation d'arbres et par la construction de digues de 15 m de hauteur.

http://lettres-histoire.ac-rouen.fr/histgeo/tsunamis_prevention.htm

Doc. 5

9. Comment peut-on détecter l'arrivée d'un tsunami ?

10. Cite trois mesures qui permettent de sauver des vies en cas de tsunami.

BLOC-NOTES

Les risques naturels augmentent

Les **risques naturels** (tremblements de terre, raz-de-marée, éruptions volcaniques, avalanches, sécheresses, feux de forêt…) représentent des dangers pour l'homme.

Certains **risques naturels** sont en **augmentation** en raison d'**une modification du climat** (risques liés aux inondations, aux cyclones, aux glissements de terrain, aux crues et aux sécheresses).

Le climat change

Les activités de l'homme polluent et réchauffent l'atmosphère de la Terre. Elles provoquent des **changements climatiques**.
Certains **phénomènes naturels** deviennent **plus fréquents** et **plus violents**, comme les tempêtes et les sécheresses. Ils entraînent plus de pertes humaines et des dégâts plus importants.

Agir au quotidien

Dans les régions du monde à risques sismiques (voir le planisphère à la fin du livre), l'homme construit des **bâtiments antisismiques** qui résistent mieux aux tremblements de terre.

Certaines mesures de prévention peuvent être mises en place quel que soit le risque naturel. Pour limiter les dégâts matériels et les pertes humaines, l'homme peut :
- surveiller les zones à risques ;
- interdire la construction d'habitations dans des zones à risques ;
- adapter l'habitat au type de risque naturel (séisme, ouragan…) ;
- mettre en place des systèmes d'alerte et d'évacuation.

Si tu habites une région à risques, prends au sérieux les exercices de sécurité et d'évacuation organisés par ta commune ou ton école.

J'observe une affiche

Une affiche publicitaire permet de présenter un objet ou un événement. Elle doit donner envie d'acheter cet objet ou de participer à cet événement.

Cette affiche veut donner envie aux gens d'aller au Salon des énergies renouvelables à Lyon. Elle comporte toutes les informations nécessaires aux futurs visiteurs :

- la date et le lieu où se tiendra le Salon ;
- l'adresse Internet pour obtenir plus de détails ;
- le thème : les énergies renouvelables.

Affiche pour le Salon des énergies renouvelables.

Cette affiche est composée de trois éléments :

- un encadré avec les informations pratiques ;
- une grande illustration avec toutes les énergies renouvelables présentées au Salon ;
- un slogan pour motiver les visiteurs : « Ensemble, valorisons les énergies de demain ! ».

un publicitaire

Affiche pour inciter les citoyens à réduire leurs déchets.

Je définis mon thème

Par groupes de 4, choisissez un thème du développement durable (pollution de l'eau, de l'air…).
Chaque groupe travaille sur un thème différent.

Je cherche un slogan

Qu'est-ce qu'un slogan ? Proposez une définition à la classe. Trouvez en groupes 3 ou 4 slogans par thème et proposez-les à vos camarades. Un slogan est retenu pour chaque thème.

Matériel à prévoir

- des catalogues à découper ;
- des feutres ou des crayons de couleurs ;
- des grandes feuilles de papier ;
- une grande feuille de carton fort ;
- de la colle ;
- des ciseaux.

Je réalise mon affiche

À partir du slogan retenu, chaque groupe réalise son affiche.

- Trouvez comment illustrer l'affiche : avec des dessins, des photos…
- Réfléchissez à la disposition des différents éléments : le slogan, les illustrations… Faites des essais sur du papier brouillon.
- Quand tout le monde est d'accord, réalisez l'affiche sur un grand carton fort. N'oubliez pas de vérifier l'orthographe !

J'organise une exposition

Organisez une exposition dans l'école. Accrochez les affiches dans les couloirs pour que tous vos camarades en profitent !

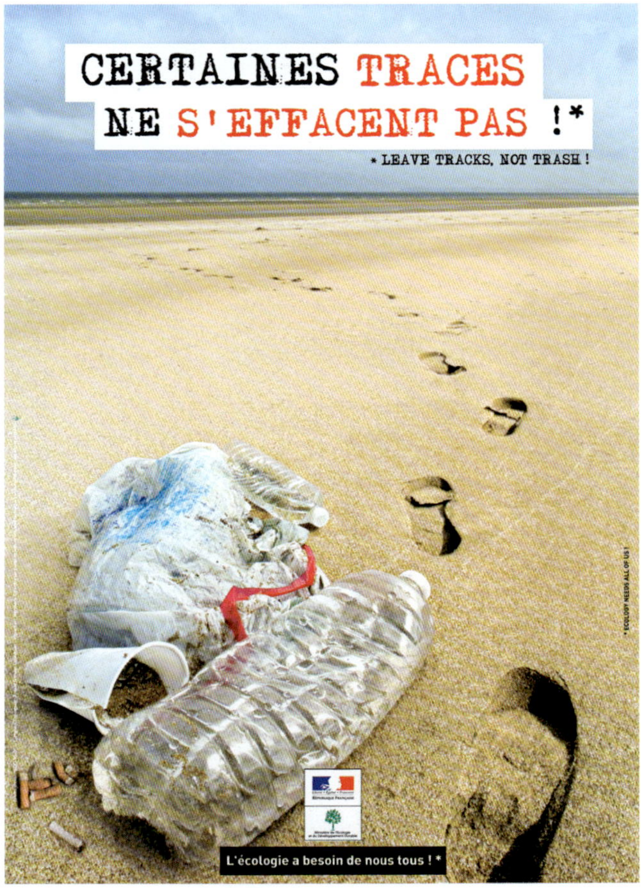

Affiche pour inciter les touristes à laisser les plages propres.

Les sources d'énergie non renou-

Pourquoi ne faut-il pas épuiser les sources d'énergie non renouvelables ?

Doc. 1 : Un puits de pétrole fermé (Nouveau-Mexique, États-Unis).

Doc. 2 : Un automobiliste fait le plein d'essence.

1. Qu'utilise cet automobiliste pour sa voiture (Doc. 2) ? Pourquoi ?

2. Pourquoi ce puits de pétrole n'est-il plus exploité (Doc. 1) ?

3. Pourquoi dit-on que le pétrole est une source d'énergie non renouvelable ?

4. Qu'est-ce qu'une source d'énergie non renouvelable ? Propose une définition, puis compare-la avec celles de tes camarades.

Doc. 3 : Un pipeline transportant du pétrole à travers l'Alaska sur près de 1 300 km (États-Unis).

5. À quoi sert cette installation ?

6. Pourquoi l'homme est-il obligé d'aller chercher le pétrole aussi loin ?

7. Qu'arrivera-t-il quand on ne trouvera plus de nouveaux gisements de pétrole ?

L'homme utilise massivement le pétrole, le gaz naturel, le charbon et l'énergie nucléaire pour l'ensemble de ses activités.

Doc. 1 : L'intérieur d'une maison.

1. Cite les installations qui consomment de l'énergie dans cette maison.

2. Grâce à quelle énergie fonctionne chaque installation ?

3. Ces installations sont-elles toutes indispensables à la vie quotidienne ?

4. Classe ces installations de la plus importante à la moins importante pour toi.

5. Cite les comportements qui gaspillent de l'énergie.

6. Que faire pour moins gaspiller ?

LE CARBURANT AUTOMOBILE

Le carburant est un combustible utilisé pour faire fonctionner un moteur, notamment celui des voitures.
Lorsque le carburant provient du pétrole, on dit que c'est un hydrocarbure.
Le pétrole met plusieurs millions d'années à se former dans le sol. Il y est donc présent en quantité limitée : c'est une ressource épuisable.

Doc. 2

7. À quoi sert le carburant ?

8. Pourquoi les hydrocarbures sont-ils en quantité limitée sur Terre ?

9. Propose des solutions pour réduire l'utilisation de la voiture.

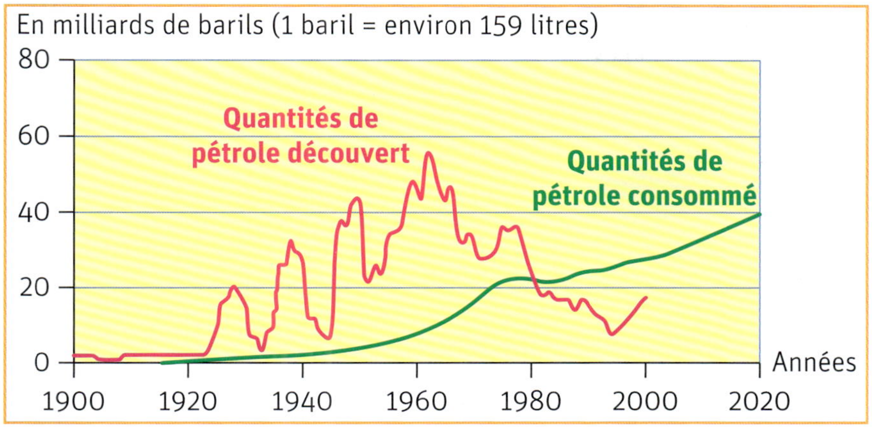

10. Que représente ce graphique ?

11. Aujourd'hui, que peut-on dire des quantités de pétrole consommé par rapport aux quantités de pétrole découvert ?

12. Que pourrait-il se passer en 2020 ?

Doc. 3 : Comparaison entre les quantités de pétrole découvert et les quantités de pétrole consommé depuis 1900.

13. Qu'utilise cette centrale électrique pour fonctionner (Doc. 4) ?

14. Cette source d'énergie est-elle renouvelable ou non renouvelable ?

Doc. 4 : Une centrale électrique fonctionnant au charbon (Chine).

LES REJETS THERMIQUES DES CENTRALES NUCLÉAIRES

Les centrales nucléaires utilisent l'eau des rivières pour alimenter leurs circuits de refroidissement. L'eau, pompée dans les cours d'eau, circule dans les circuits de la centrale où elle est chauffée. Elle retourne ensuite dans le milieu naturel et réchauffe à son tour les rivières dans lesquelles elle est déversée. Ce réchauffement peut perturber la vie aquatique, animale ou végétale.

La centrale nucléaire de Nogent-sur-Seine (France).

Doc. 5

15. Quelle modification l'eau pompée dans la rivière subit-elle lors de son passage dans la centrale nucléaire ?

16. Cette eau retourne-t-elle ensuite dans le milieu naturel ?

17. Quelle en est la conséquence ?

Comment lutter contre la pollution des sources d'énergie

Doc. 1 :
Une rue de Paris.

1. Quels moyens de transport sont présents sur cette photographie ?

2. Parmi ces moyens de transport, quel est le moins polluant ? Pourquoi ?

3. Explique pourquoi il vaut mieux prendre le bus plutôt que la voiture pour se déplacer en ville.

LE COVOITURAGE SE DÉVELOPPE EN FRANCE

[1 ou 2 passagers] : c'est le nombre de passagers par voiture aux heures de pointe autour des villes en France. Les Français se tournent vers des modes de transport plus écologiques et plus économiques : le covoiturage permet de diviser le coût du transport par le nombre de passagers. Moins de voitures circulent, moins de carburant est brûlé, moins d'embouteillages…

Les raisons de cet intérêt croissant pour le covoiturage sont multiples : l'engorgement des voies de circulation, la prise de conscience généralisée concernant le développement durable, les grèves à répétition, le prix du pétrole contribuent sans doute à cet engouement. Mais également un désir de convivialité : cette aventure qui consiste à découvrir l'autre…

http://www.co-voiturage.fr/article-1959

Doc. 2

4. Qu'est-ce que le covoiturage ?

5. Quels sont les avantages du covoiturage ?

6. Pourquoi les citadins sont-ils intéressés par le covoiturage ?

7. Quelle(s) solution(s) moins polluante(s) peux-tu proposer à quelqu'un qui utilise tous les jours sa voiture pour se rendre à son travail ?

UN CARBURANT VÉGÉTAL

L'éthanol est un biocarburant pour les moteurs à essence. Il est issu de plantes sucrières (betterave, canne à sucre), du blé ou du maïs. Pour son utilisation, l'éthanol est mélangé à de l'essence. L'utilisation de l'éthanol permet une réelle réduction des émissions de gaz à effet de serre. De plus, utilisé en mélange, il ne nécessite pas de réseau de distribution spécifique ni d'adaptation des véhicules. Son coût reste cependant plus élevé que celui d'un hydrocarbure.

Doc. 3

8. À partir de quelle source d'énergie ce biocarburant est-il fabriqué ?

9. Cite deux avantages liés à l'utilisation de l'éthanol.

10. Peut-on dire que ce biocarburant est non polluant ? Pourquoi ?

11. Pourquoi est-il important d'envisager l'utilisation de biocarburants dans un avenir proche ?

LE THERMOSTAT

Adapté sur un radiateur, un thermostat permet de régler la température souhaitée dans une pièce.

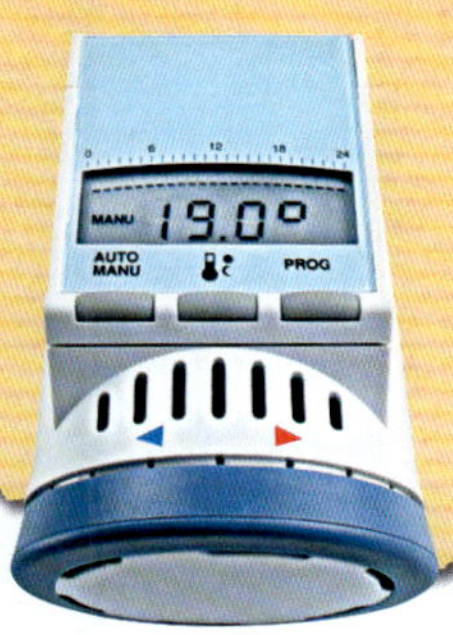

En dessous de la température voulue, le radiateur se met à chauffer.
Lorsque la température est atteinte, le radiateur s'arrête de chauffer.

Doc. 4

12. À quoi sert un thermostat ?

13. Pourquoi le thermostat permet-il d'éviter le gaspillage d'énergie ?

14. Cite des actions que tu peux faire chez toi pour limiter ta consommation d'énergie.

BLOC-NOTES

Les sources d'énergie non renouvelables

Les **sources d'énergie non renouvelables** existent **en quantité limitée** et ne se renouvellent pas régulièrement (le pétrole, le charbon, le gaz naturel, par exemple). L'exploitation massive des gisements épuise les réserves naturelles disponibles sur Terre. À ce rythme, les gisements de pétrole seront épuisés dès 2060.

La pollution

La **combustion des hydrocarbures** libère dans l'air des **gaz toxiques**. L'atmosphère ainsi polluée devient dangereuse pour la santé des hommes et des animaux. Ces gaz provoquent des allergies, des maladies respiratoires comme l'asthme et parfois des cancers.

De plus, la **pollution atmosphérique** due à la **surconsommation des hydrocarbures** participe au **réchauffement de la Terre**. Ce réchauffement a de graves conséquences sur l'équilibre de notre planète.

Il est donc urgent de **réduire notre consommation** d'hydrocarbures, en **évitant le gaspillage** et en **adaptant nos modes de déplacements**.

Agir au quotidien

Pour l'avenir de notre planète, il faut réduire la pollution liée à notre activité :
- en limitant l'utilisation de la voiture par le développement du covoiturage et de moyens de transport sans pétrole ;
- en consommant moins d'électricité pour éviter le gaspillage à la maison et dans l'industrie ;
- en se chauffant raisonnablement ;
- en recherchant d'autres types de sources d'énergie.

Pourquoi utiliser des sources

Qu'est-ce qui caractérise
les sources d'énergie renouvelables ?
Y a-t-il des avantages à les utiliser ?

Doc. 1 : Un champ d'éoliennes (Espagne).

1. À quel type de constructions te font penser ces éoliennes ?
2. Quel élément naturel une éolienne utilise-t-elle pour fonctionner ?
3. Pourquoi dit-on que cette source d'énergie est renouvelable ?
4. D'après toi, quelle énergie est produite par les éoliennes ?

d'énergie renouvelables ?

Doc. 2 : Le barrage hydroélectrique des Trois Gorges sur le fleuve Yangzi Jiang (Chine).

5. Sur quoi est construit ce barrage ?
6. Quel élément naturel utilise-t-il pour fonctionner ?
7. D'après toi, comment fonctionne ce barrage ?
8. Peut-on dire que l'eau est une source d'énergie renouvelable ? Explique ta réponse.
9. Quels inconvénients les éoliennes et les barrages ont-ils pour le paysage (Doc. 1 et 2) ?
10. Quelles sont les conséquences de la construction d'un barrage sur l'environnement ?
11. Connais-tu d'autres sources d'énergie renouvelables ?

Quels sont les avantages

Les énergies renouvelables sont dites « propres ». Elles sont pourtant moins utilisées que les énergies non renouvelables.

1. Que remarques-tu sur le toit de cette maison ?

2. Quel élément naturel utilise cette installation pour fonctionner ?

3. As-tu déjà vu des installations de ce type dans ta ville ou dans ton village ?

Doc. 1 : Des panneaux solaires sur le toit d'une maison (Turquie).

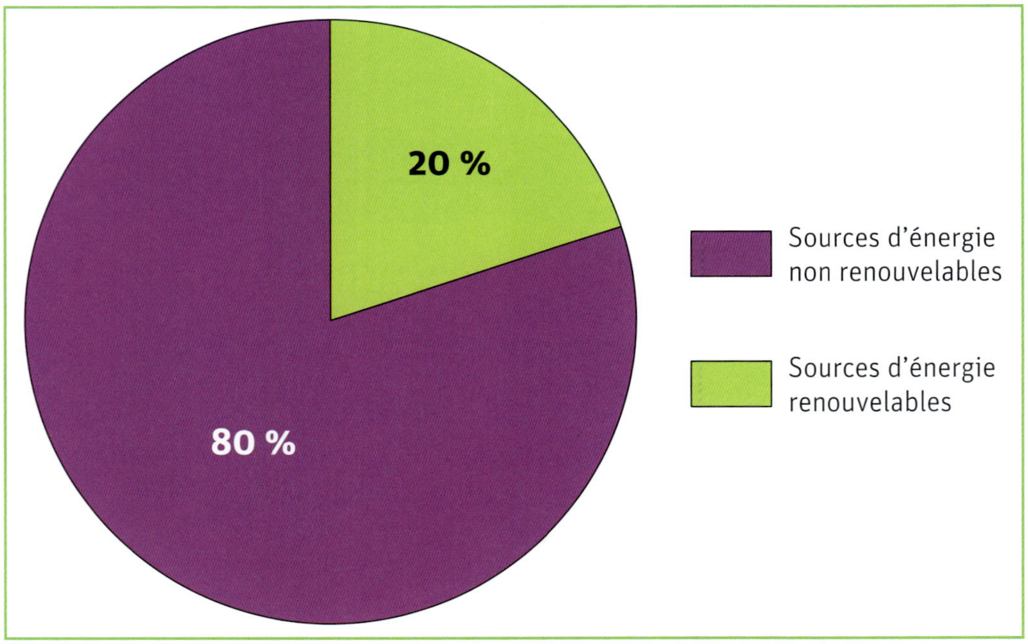

Doc. 2 : La répartition des sources d'énergie productrices d'électricité dans le monde.

4. Quelles sont les sources d'énergie les plus utilisées dans le monde pour produire de l'électricité ?

5. D'après toi, pourquoi les sources d'énergie renouvelables sont-elles si peu utilisées ?

des énergies renouvelables ?

Énergie	Avantages	Inconvénients
Hydraulique	– développement possible important. – pas de pollution ni de rejet de gaz à effet de serre.	– ne peut être installée que sur des sites limités. – coûte cher à installer. – abîme l'environnement.
Solaire	– développement possible important. – pas de pollution ni de rejet de gaz à effet de serre.	– occupe une surface importante. – difficultés de stockage de l'énergie produite. – coûte cher à installer.
Éolienne	– pas de pollution ni de rejet de gaz à effet de serre. – technologie maîtrisée.	– occupe une surface importante. – ne peut être installée que sur des sites limités. – coûte cher à installer.

Doc. 3 : Les avantages et les inconvénients de différentes énergies renouvelables.

6. Quel avantage l'utilisation de ces trois énergies a-t-elle en commun ?

7. Quels sont les inconvénients des énergies renouvelables ?

8. Écris un petit texte pour expliquer pourquoi ces énergies sont dites « propres ».

LA GÉOTHERMIE

Lorsqu'on s'enfonce dans le sol de notre planète, la température augmente.

Des tubes en forme de U contenant de l'eau sont installés profondément dans le sol (1 à 2 km). De l'eau froide descend dans le tube ; elle se réchauffe au contact de la chaleur de la Terre. L'eau ainsi réchauffée remonte de l'autre côté du tube et vient alimenter une pompe à chaleur. L'énergie récupérée est utilisée pour le chauffage.

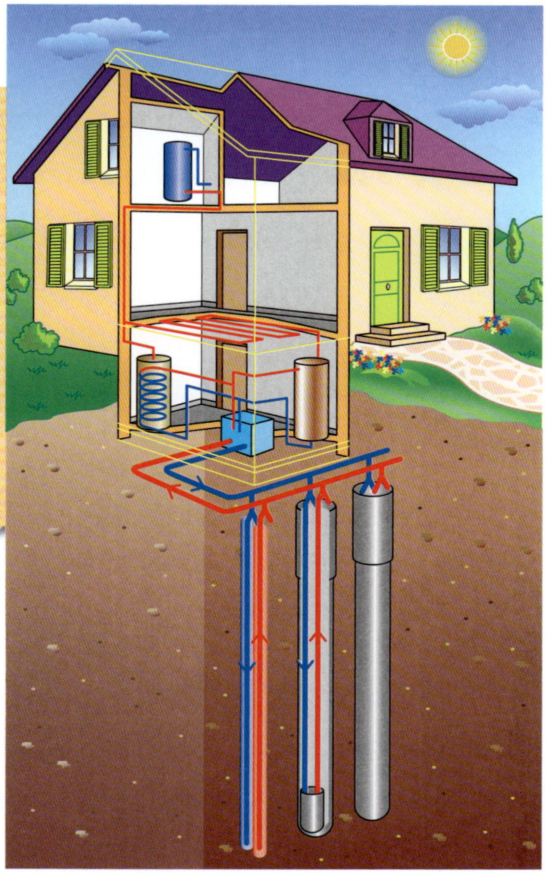

Une maison chauffée par géothermie.

Doc. 4

9. Quelle est la source d'énergie utilisée ?

10. Quel est le principe de la géothermie ?

11. Pourquoi est-il intéressant d'utiliser ce système ?

Quel avenir pour les sources d'énergie

Doc. 1 : **La part des énergies renouvelables dans la consommation d'électricité de certains pays de l'Union européenne, en 2004.**

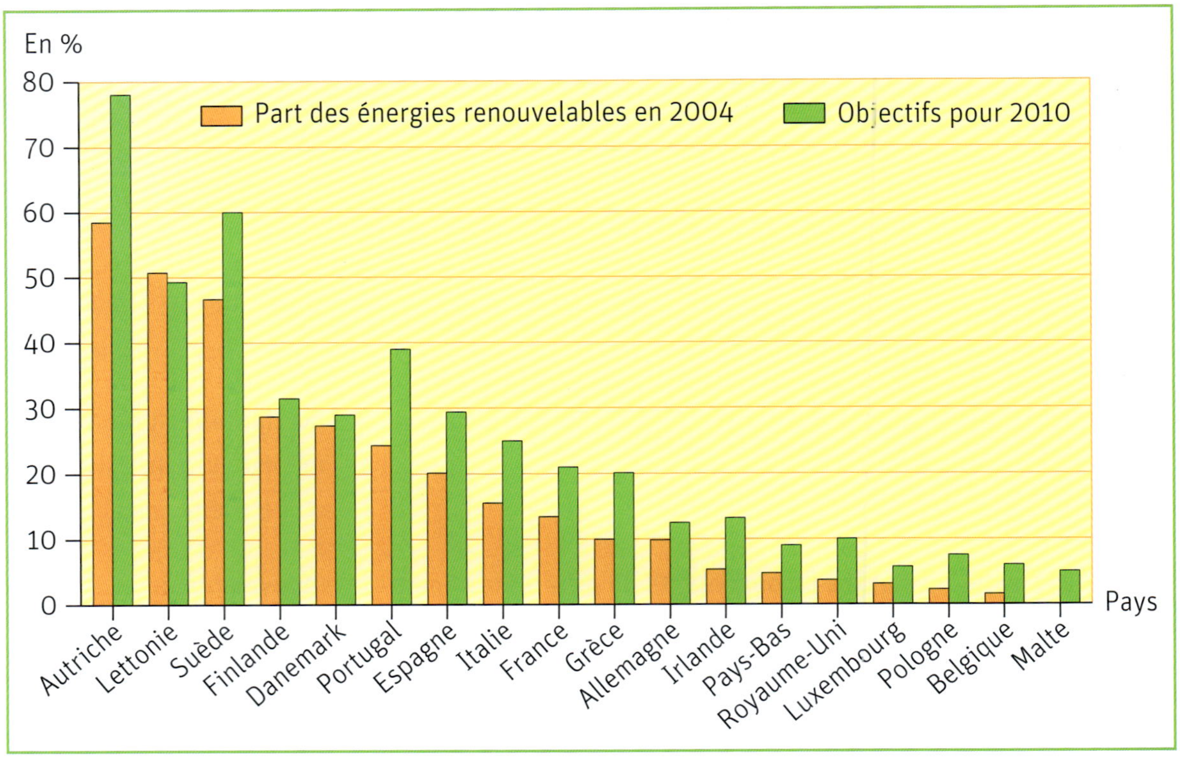

1. Que représente ce graphique en bâtons ?

2. Dans quel pays les sources d'énergie renouvelables représentent-elles la plus grande part de la consommation d'électricité ?

3. Comment se situe la France aujourd'hui ? Comment devrait-elle se situer en 2010 ?

4. Est-ce le cas pour tous les autres pays ?

5. Penses-tu que tous les pays peuvent développer les mêmes énergies renouvelables ? Pourquoi ?

DES ÉNERGIES PRODUCTIVES

Une éolienne de 60 mètres de haut environ peut fournir assez d'énergie pour couvrir les besoins en électricité de 1 000 habitants.
Une éolienne de 110 mètres de haut environ peut fournir assez d'énergie pour couvrir les besoins en électricité de 5 000 habitants.
Il faudrait plus de 12 500 éoliennes pour fournir l'électricité de tous les Français.

Doc. 2

6. Pourquoi une éolienne plus haute et plus large fournit-elle plus d'énergie ?

7. D'après toi, serait-il difficile d'installer 12 500 éoliennes en France ?

8. Pourquoi est-il intéressant d'exploiter différentes sources d'énergie renouvelables dans un même pays ?

LE PROJET D'HYDROLIENNES

Les hydroliennes, grosses turbines de 8 à 15 mètres de diamètre, pourraient utiliser la force des courants marins pour produire de l'énergie.
Les turbines, solidement fixées dans le fond de la mer, transforment l'énergie des courants marins en électricité.
Plus la vitesse du courant est grande et plus la quantité d'électricité produite est importante.
Les hydroliennes présentent des avantages par rapport aux éoliennes : les courants marins permettent une production régulière, les hydroliennes immergées ne dénaturent pas autant le paysage et la pollution sonore est inexistante.

© Hydrohélix, 2006.

Le projet d'Hydrohélix : des hydroliennes.

Doc. 3

9. Quelle source d'énergie prévoit d'utiliser ce projet ?

10. Où seraient installées les turbines ?

11. Comment fonctionneraient-elles ?

BLOC-NOTES

Les sources d'énergie renouvelables

Une **source d'énergie renouvelable** est une source d'énergie qui **se renouvelle assez rapidement**. Elle est considérée comme **inépuisable**.

Les sources d'énergie renouvelables proviennent de phénomènes naturels (le rayonnement du Soleil, les marées, le vent…). Ces phénomènes sont permanents ou se produisent régulièrement. Le Soleil permet de produire l'**énergie solaire**, l'eau est utilisée pour produire l'**énergie hydraulique**, le vent pour l'**énergie éolienne**, et la chaleur de la Terre pour la **géothermie**.

Les sources d'énergie renouvelables sont dites « **propres** » car elles ne rejettent pas de polluants ni de **gaz à effet de serre**.

Des sources d'énergie irrégulières

Les sources d'énergie renouvelables sont **présentes partout**. Elles sont **inépuisables**. Mais elles sont en général **irrégulières**, comme l'eau, le vent et le Soleil. Par exemple, l'ensoleillement est moins important en hiver qu'aux autres saisons et le vent ne souffle pas en continu.

Les installations qui les utilisent coûtent souvent **plus cher** que celles qui utilisent les énergies non renouvelables. **Les équipements sont donc limités**.

Agir au quotidien

S'il est nécessaire de développer les énergies renouvelables pour l'avenir de notre planète, il est donc également important de **les économiser**.

Si quelqu'un fait construire ou rénover sa maison, il doit **réfléchir aux types d'énergies qu'il peut utiliser** pour le chauffage et **aux matériaux** qui serviront pour l'**isolation** de sa maison.

À la maison, qu'est-ce qui

Quels gestes quotidiens consomment de l'énergie ?
Comment faire des économies d'énergie sans nuire à notre confort de vie ?

Doc. 1 : Une cuisine.

1. Quels sont les équipements de cette cuisine qui consomment de l'énergie ?

2. Quels sont ceux dont on se sert tous les jours ?

3. Cite d'autres équipements consommateurs d'énergie dont on se sert dans une cuisine et qui n'apparaissent pas sur cette photographie.

consomme de l'énergie ?

Doc. 2 : Une salle de bains.

4. Quels sont les équipements de cette salle de bains qui consomment de l'énergie ?

5. Cite des gestes que tu fais dans ta salle de bains et qui consomment de l'énergie.

6. Dans les autres pièces de la maison, qu'est-ce qui consomme de l'énergie ?

7. En quoi ces équipements sont-ils importants dans notre vie quotidienne ?

Notre consommation d'énergie

Nous consommons beaucoup d'énergie pour vivre.
Certaines dépenses d'énergie pourraient cependant être évitées.

LES VARIATIONS DE LA CONSOMMATION D'ÉLECTRICITÉ EN FRANCE

La consommation d'électricité varie constamment au cours d'une même journée, d'une même semaine, et au fil de l'année. Elle [correspond aux] horaires de travail, [aux] jours de congés, [aux] saisons et est très sensible à la température. Lorsqu'il fait froid, la consommation d'électricité augmente fortement en raison de l'utilisation du chauffage électrique.

Réseau de transport d'électricité,
www.rte-france.com/htm/fr/accueil/courbe.jsp

Une ville de nuit.

Doc. 1

1. Pourquoi la consommation d'électricité varie-t-elle au cours d'une courte période ?

2. À quel moment de l'année la consommation d'électricité augmente-t-elle le plus ?

3. À ton avis, comment pourrait-on limiter cette augmentation ?

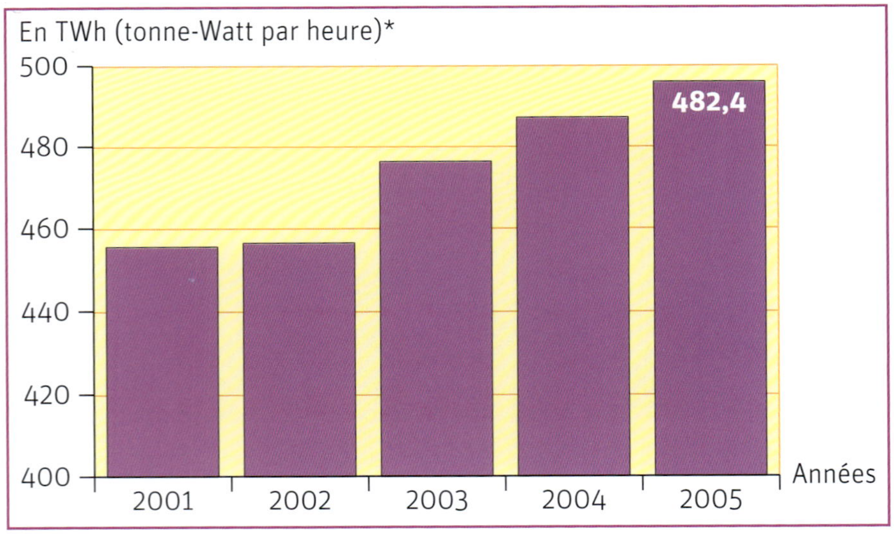

Doc. 2 :
La consommation d'électricité en France entre 2001 et 2005.

* Unité de mesure d'énergie.

4. Comment la consommation d'électricité a-t-elle évolué en France entre 2001 et 2005 ?

5. En quelle année l'augmentation a-t-elle été la plus forte ?

6. D'après toi, pourquoi la consommation d'électricité augmente-t-elle tous les ans ?

7. Propose trois solutions pour faire baisser la consommation d'électricité d'une famille.

peut-elle diminuer ?

DES APPAREILS « PERFORMANTS »

Lors de l'achat de vos appareils électroménagers, préférez toujours les équipements dits « performants ». Ces appareils sont faciles à reconnaître grâce à l'étiquette « Énergie », aujourd'hui obligatoire sur la plupart des équipements d'électroménager : lave-linge, lave-vaisselle, réfrigérateur, etc.

L'étiquette classe les appareils selon leur performance énergétique en sept catégories, repérées par les lettres A à G. Les meilleurs équipements sont en classe A, les plus mauvais en classe G.

Pour connaître le classement d'un appareil, il faut regarder la lettre dans la flèche noire située à droite de l'étiquette.

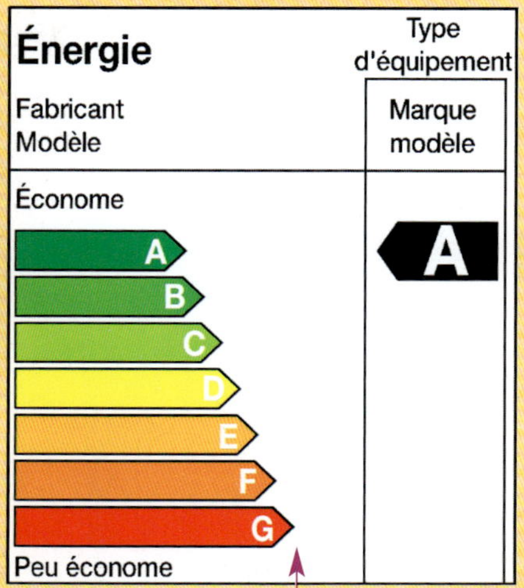

L'étiquette « Énergie ».

Doc. 3

8. Qu'est-ce qu'un réfrigérateur ou un lave-linge « performant » ?

9. Lors d'un achat, comment savoir si un appareil est performant ?

	Consommation en kWh* /an	Économie d'énergie	Coûts d'utilisation en euros/an	Coûts d'utilisation sur 10 ans
Catégorie A	320	45 %	34,3	343
Catégorie D	570	–	61	610

* Kilowatt par heure : unité de mesure d'énergie.

Doc. 4 : Comparaison entre deux réfrigérateurs neufs de classe A et de classe D.

Doc. 5 : Des lave-linge portant l'étiquette « Énergie » dans un magasin d'électroménager.

10. Quel réfrigérateur consomme le moins d'énergie ?

11. Quel pourcentage d'économie réalise ce réfrigérateur par rapport à l'autre réfrigérateur ?

12. Quelle conséquence cette économie d'énergie a-t-elle sur le coût d'utilisation de l'appareil ?

13. Pourquoi est-il plus intéressant d'acheter des appareils électroménagers performants ? Propose deux raisons.

Comment faire simplement des économies

Doc. 1 : Répartition de la consommation d'énergie par catégories dans un foyer.

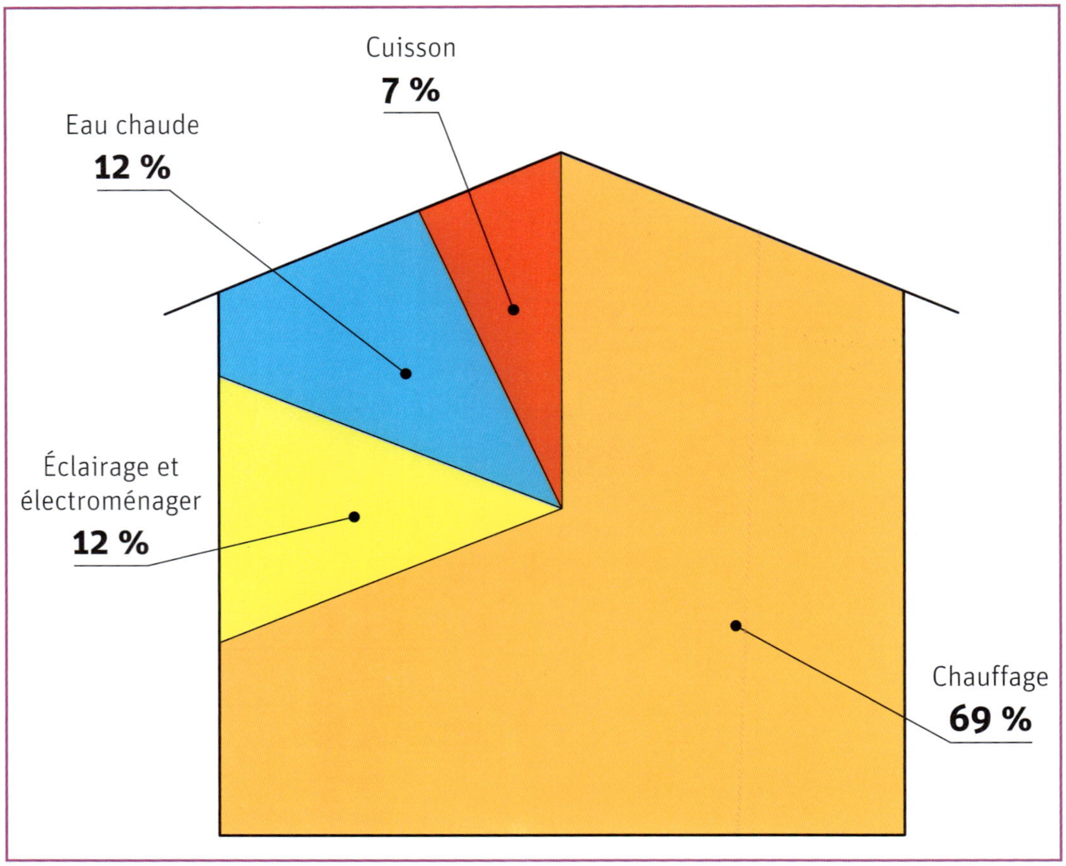

1. Dans un foyer, quel est le plus gros consommateur d'énergie ?

DES GESTES SIMPLES POUR ÉCONOMISER L'ÉNERGIE

- Utiliser des ampoules fluocompactes (nommées aussi « ampoules basse consommation »), qui consomment six fois moins d'énergie que les ampoules classiques.
- Ne pas laisser d'appareils électriques en veille (télévision, lecteur de DVD) : ils consomment de l'énergie.
- Baisser le chauffage dans les chambres en partant le matin.
- Mettre un pull l'hiver dans la maison pour baisser le chauffage.
- Choisir les appareils électroménagers en fonction de leur classe énergétique. Les appareils de classe A consomment moins d'énergie.
- Prendre des douches plutôt que des bains. Les bains gaspillent trop d'eau et d'énergie, en particulier à cause du chauffage de l'eau chaude.

www.preservonslaplanete.com

Doc. 2

2. Quelles économies peut-on faire dans chaque catégorie (Doc. 1 et 2) ?

3. Par groupes, proposer d'autres solutions pour économiser de l'énergie. Mettre en commun l'ensemble des propositions. Regarder celles qui sont le plus facilement réalisables.

ÉCONOMISER L'EAU CHAUDE

Certains embouts de robinet (ou mousseurs) permettent de diminuer le débit de l'eau pour atteindre 6 à 8 litres par minute au lieu de 12 litres par minute. Ils s'adaptent sur tous les robinets. Le principe est simple : faire couler moins d'eau… et plus d'air. Le jet reste identique à l'œil et est aussi efficace pour rincer la vaisselle.

http://www.ideesmaison.com/Economisez-50-sur-votre-facture-d.html

Doc. 3

4. Comment s'appelle le dispositif décrit dans le texte ?

5. Pourquoi permet-il d'économiser l'eau ?

6. Ce système te semble-t-il compliqué à installer ?

« Il est moins coûteux d'économiser l'énergie que de la fabriquer. »

Benjamin Dessus, ancien ingénieur chez EDF.

Doc. 4

7. Que penses-tu de cette phrase ?

BLOC-NOTES

Consommer de l'énergie

Un grand nombre de nos **gestes quotidiens consomment** de l'**énergie** : nous utilisons des appareils électriques, nous consommons de l'eau chaude, nous éclairons et nous chauffons nos habitations… Ces gestes sont souvent **indispensables** pour améliorer notre vie quotidienne.

Économiser de l'énergie

Si certains gestes sont obligatoires (s'éclairer lorsqu'il fait nuit), d'autres ne sont pas indispensables (allumer toutes les lampes d'une pièce).

Pour consommer de l'énergie le plus longtemps possible, il est important de l'économiser :
- en **limitant** ce qui n'est **pas indispensable** (laisser couler l'eau chaude) ;
- en **évitant** ce qui est **inutile** (partir à l'école en laissant la lumière dans ta chambre).

Les **économies d'énergie** sont **indispensables** pour **préserver l'environnement**. Elles nous permettent aussi d'économiser de l'argent en réduisant la facture d'eau chaude, d'électricité ou de chauffage.

Agir au quotidien

Des **gestes simples** peuvent nous faire **économiser** plus de 40 % de notre facture d'électricité :
- utiliser des ampoules basse consommation pour s'éclairer ;
- baisser légèrement le chauffage en hiver et mettre un pull à la maison ;
- choisir des appareils électroménagers qui consomment peu d'énergie ;
- ne pas laisser couler l'eau du robinet inutilement, notamment quand tu te laves les dents ;
- prendre une douche rapide plutôt qu'un bain ;
- dégivrer régulièrement le congélateur.

J'OBSERVE UNE PLAQUETTE D'INFORMATIONS

La brochure du tri sélectif de la Ville de Paris.

Une plaquette d'informations pratiques permet de donner de multiples renseignements.
Elle doit être à la fois précise et détaillée mais aussi lisible et compréhensible par tous.

Sur ce « Mémo du tri » de la Ville de Paris, l'usager peut trouver :
- les différentes catégories de déchets ;
- les différents containers à sa disposition ;
- ce qu'il peut faire des « encombrants » ;
- les erreurs à ne pas commettre dans le tri.

Attention ! les consignes de tri et les containers peuvent changer selon les communes.

un éco-citoyen

Je fabrique un jeu de société sur le tri sélectif

Matériel

- des catalogues ;
- la brochure du tri sélectif de ta commune ;
- des ciseaux ;
- des cartes de carton fort ;
- de la colle ;
- des feutres ;
- une feuille cartonnée.

- Découpez des photographies et des dessins de tout ce que l'on peut jeter (un scooter cassé, du verre, des emballages, des vêtements, du bois, des gravats, des déchets alimentaires…).
- Dessinez les déchets alimentaires si vous ne trouvez pas de photographie : des os, un trognon de pomme, des épluchures…
- Pour fabriquer les cartes « Déchet », découpez les cartes de carton fort et collez chaque déchet sur une carte. Il faut autant de cartes que d'objets découpés.
- Fabriquez une vingtaine de cartes « Beurk ! » et de cartes « Centre de tri ».
- Découpez ou dessinez les containers de tri sélectif de votre commune et collez-les sur le plateau de jeu. Dessinez aussi un emplacement pour poser les cartes « Beurk ! », un emplacement pour les cartes « Déchet » et un pour les cartes « Centre de tri ».

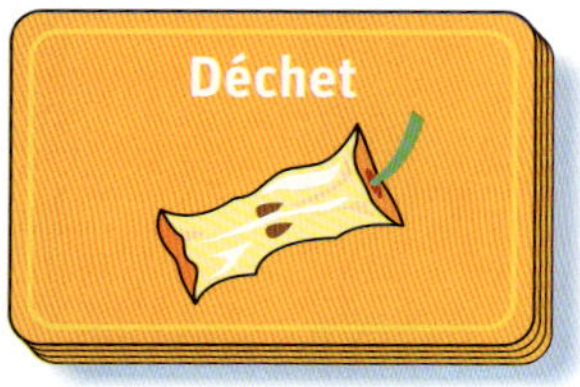

Je joue au « Crado »

- Chacun leur tour, les joueurs retournent une carte « Déchet » et la posent sur le bon container.
- Si un joueur se trompe de container, il reçoit deux « Beurk ! ».
- Le joueur qui a vu l'erreur de son camarade doit crier « Beurk ! ». Il gagne alors une carte « Centre de tri » qui lui permet de reposer deux « Beurk ! » sur le plateau.
- Le jeu se poursuit jusqu'à ce qu'il n'y ait plus de cartes « Déchet ».
- À la fin du jeu, celui qui a le plus de « Beurk ! » a perdu. Il est le « Crado ».

À quoi vois-tu que

Pourquoi dit-on que le climat change ?
Quels sont les facteurs responsables
des changements rapides du climat ?

Doc. 1 : Le glacier de Triftgletscher dans les Alpes, en 2004 (Suisse).

1. Que représente cette photographie ?

2. À quelle date a-t-elle été prise ?

3. Fais une description détaillée du paysage.

le climat change ?

Doc. 2 : Le glacier de Triftgletscher dans les Alpes, en 2005 (Suisse).

4. Que représente cette photographie ?

5. À quelle date a-t-elle été prise ?

6. Combien de temps sépare les Doc. 1 et 2 ?

7. Comment ce glacier a-t-il évolué ?

8. À ton avis, que s'est-il passé ?

Quelles sont les conséquences

Les activités des hommes sont responsables de changements climatiques accélérés.

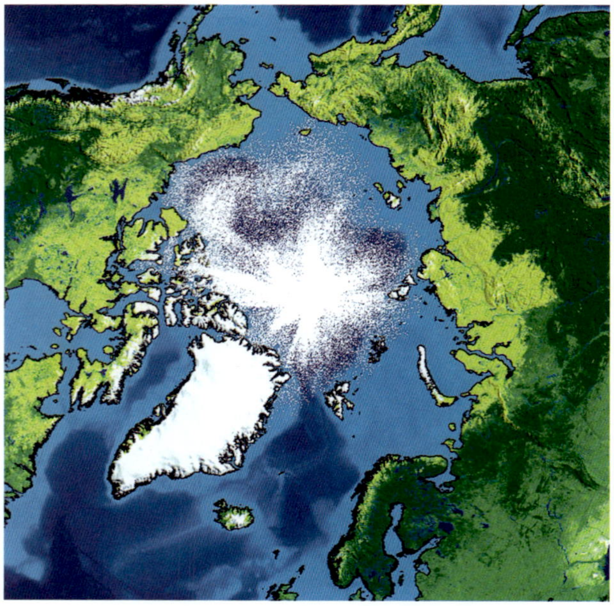

Doc. 1 : Simulation de l'évolution des glaces arctiques, en 2010.

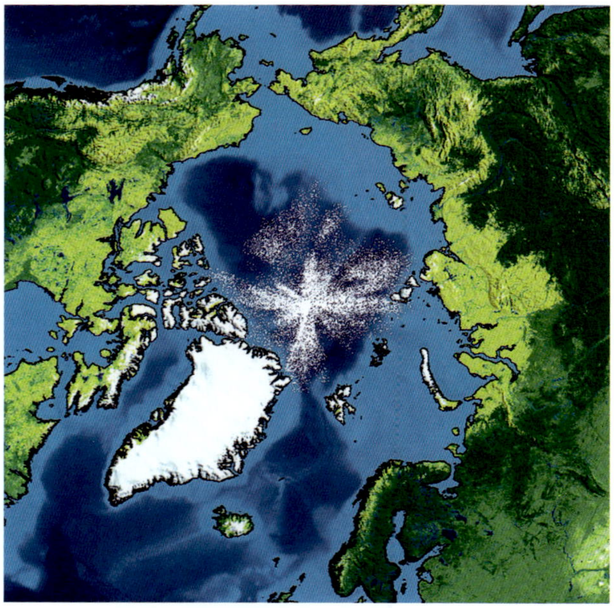

Doc. 2 : Simulation de l'évolution des glaces arctiques, en 2070.

1. Que représentent ces images ?

2. Sont-elles des observations réelles ou des prévisions ?

3. Comment les glaces arctiques vont-elles évoluer ?

4. À ton avis, quelles pourraient être les conséquences de cette évolution ?

LES INDICES DU RÉCHAUFFEMENT CLIMATIQUE

De plus en plus d'indices témoignent d'un réchauffement de la planète et d'autres modifications du système climatique.

- De nouvelles analyses indiquent que le réchauffement survenu dans l'hémisphère Nord au XXe siècle a probablement été le plus important de tous les siècles du millénaire passé.
- La couverture neigeuse et l'extension des glaciers ont diminué (diminution de 10 % depuis les années 1960).
- Le niveau moyen de la mer a progressé : entre 10 et 20 centimètres au cours du XXe siècle.
- Les précipitations ont augmenté dans les zones de moyennes et de hautes latitudes de l'hémisphère Nord.
- Dans certaines zones d'Asie et d'Afrique, la fréquence et l'intensité des sécheresses se sont accrues durant ces dernières décennies.

Doc. 3

5. Quels indices montrent un réchauffement de la planète ?

6. Quels sont les changements climatiques observés ?

7. À ton avis, quelles en sont les conséquences sur la vie végétale et animale ?

LES ARBRES MIGRENT VERS LE NORD

Un chêne sessile.

Les forêts abritent 50 % des espèces vivantes dans le monde et sont un réservoir de biodiversité. Les arbres jouent donc un rôle considérable pour le maintien de cet équilibre. Si l'on observe les conditions climatiques actuelles et si on les compare aux prévisions dans cent ans, la France ne sera plus un territoire adapté au chêne sessile. C'est le chêne le plus commun. [...] On imagine les conséquences importantes – économiques et écologiques – que cela pourrait avoir. La question est donc de savoir si ces chênes auront le temps de s'adapter et comment ils réagiront. [...] Les espèces végétales migrent et se déplacent vers le nord pour trouver une certaine fraîcheur. [...]
Mais ce n'est pas un phénomène exceptionnel. Ces cycles ont déjà existé, en particulier entre périodes glaciaires et interglaciaires. Les espèces ont migré sans cesse pour s'adapter. La nouveauté, c'est que les changements climatiques se font aujourd'hui à une échelle beaucoup plus rapide. On ne sait donc pas comment le monde végétal va s'adapter.

Laure Espieu, *Libération*, le 22 mai 2006.

Doc. 4

8. Pourquoi les arbres sont-ils indispensables à l'équilibre de la planète ?

9. Pourquoi le chêne sessile migre-t-il vers le nord ?

10. Ce phénomène est-il nouveau ?

11. Pourquoi cette migration est-elle plus rapide aujourd'hui et donc plus dangereuse pour cette espèce de chêne ?

Doc. 5

UNE INVASION DE CRIQUETS

En mai 2005, une invasion de criquets rouges alerte les pouvoirs publics de l'Aveyron. Des criquets par milliers dévorent les champs du sud du département. Certains se demandent si les phénomènes d'invasions de criquets, jusqu'à présent limités à l'Afrique de l'Ouest et du Nord, sont en train de toucher l'Europe du fait du réchauffement de la planète et des changements climatiques. Jusqu'en Haute-Loire, les criquets font des ravages, mangeant toutes les feuilles sur leur passage. La sécheresse aurait favorisé la prolifération de cet insecte qui se déplace en essaims.

Le criquet rouge : un envahisseur.

12. En quelle année les pouvoirs publics de l'Aveyron (département de la région Midi-Pyrénées) ont-ils été alertés par une invasion de criquets ?

13. Quels sont les ravages causés par ces insectes ?

14. En quoi les changements climatiques peuvent-ils être responsables d'une telle invasion ?

Que peut-on faire pour freiner le changement

LE PROTOCOLE DE KYOTO

Le protocole de Kyoto (1997) est un traité international sur les changements climatiques. Il établit un calendrier de réduction des émissions des gaz à effet de serre.
L'ampleur des modifications du climat annoncées pour les décennies à venir peut être atténuée si nous réduisons nos émissions de gaz à effet de serre. L'engagement de maîtrise des émissions pris à Kyoto en 1997 par la France et la plupart des pays développés est une étape décisive pour prévenir les catastrophes climatiques.
Les experts du changement climatique nous indiquent que nous devrons, dans les pays riches, diviser nos émissions par 4 ou 5 d'ici à 2050 pour prévenir un déséquilibre général du climat planétaire.

Doc. 1

1. Qu'est-ce que le protocole de Kyoto ?

2. Que prévoit-il ?

3. En quoi ce traité constitue-t-il une « étape décisive pour prévenir les catastrophes climatiques » ?

4. Quels sont les pays les plus concernés par le protocole de Kyoto ? D'après toi, pourquoi ?

5. Pourquoi est-ce important que l'ensemble de la planète se mobilise pour agir ?

UNE ZONE DÉSERTIQUE REBOISÉE EN MAURITANIE

Le réchauffement du climat est une des causes de la désertification de certaines régions. Plus chaud et plus sec, le climat entraîne la disparition de la couverture végétale et l'érosion des sols.
Les plantes ne poussent plus sur des sols qui ne retiennent plus l'eau et le désert s'installe. Il existe des solutions pour reconquérir les terres asséchées.
Dans certains pays, comme la Mauritanie, des programmes de lutte contre l'ensablement soutenus par les Nations unies ont permis de stabiliser la progression des dunes, notamment en plantant des arbres autour des villages pour endiguer la progression du sable. Le reboisement permet de lutter contre l'érosion des sols, en ralentissant le ruissellement des eaux de pluie et en faisant barrière contre le vent.

Le reboisement dans le désert mauritanien.

Doc. 2

6. Quelles sont les conséquences d'un climat plus chaud et plus sec sur la végétation et sur les sols ?

7. Pourquoi est-il important de reboiser ?

DES SOLUTIONS ACCESSIBLES À TOUS POUR SAUVER LA PLANÈTE

- Limiter l'usage de la climatisation en voiture.
- Limiter ses déplacements en voiture.
- Privilégier les transports en commun.
- Prendre son vélo lorsque c'est possible.
- Voter des lois pour que les usines réduisent leurs émissions de gaz à effet de serre.
- Utiliser des appareils électroménagers plus économiques.
- Choisir des sources d'énergie renouvelables pour se chauffer lorsqu'on se fait construire une maison.

L'ours polaire sur la banquise (Arctique) est en voie de disparition à cause du réchauffement climatique.

Doc. 3

8. Quelles solutions peux-tu facilement mettre en place au quotidien pour freiner le réchauffement climatique ?

9. Ces solutions modifient-elles profondément tes habitudes de vie ?

10. En quoi sont-elles profitables pour la planète ?

11. À ton avis, quelle est la mesure la plus urgente à prendre ? Explique ta réponse.

BLOC-NOTES

Les changements climatiques

Les activités des hommes et leur mode de vie consomment de l'énergie et rejettent de plus en plus de **gaz à effet de serre** dans l'atmosphère.

Depuis quelques décennies, l'effet de serre s'est accru, provoquant une **augmentation rapide du réchauffement de l'atmosphère**.

Ce réchauffement rapide entraîne des **modifications importantes du climat** : les sécheresses et les ouragans sont plus fréquents et plus forts.
Avec l'augmentation des températures, la banquise fond et le niveau des mers augmente.

Ces changements climatiques **bouleversent la vie des hommes, des animaux et des végétaux**.

Des projets pour réduire les modifications du climat

Les hommes prennent de plus en plus conscience de l'**urgence de la situation** et de la **nécessité d'agir**.
Au niveau international, **le protocole de Kyoto** permet l'engagement de différents pays dans **la réduction des émissions de gaz à effet de serre** (le CO_2, la vapeur d'eau…).

Agir au quotidien

Afin de réduire les changements climatiques, il est urgent de réduire nos rejets de gaz à effet de serre dans l'atmosphère. Chaque geste compte.

En France, certaines villes utilisent des sources d'énergie plus propres pour les installations collectives : installation de parcmètres à énergie solaire, de chaudières à bois, de panneaux solaires…

Tu peux toi aussi agir au quotidien :

- pour les petits trajets ou pour se déplacer en ville, utilise les transports en commun ou le vélo sur les pistes cyclables ;
- pratique la marche à pied ;
- éteins les lumières inutiles chez toi et à l'école.

L'eau est-elle bien

Tous les pays du monde sont-ils égaux face à l'eau ?
Quelles sont les conséquences de cette inégalité ?

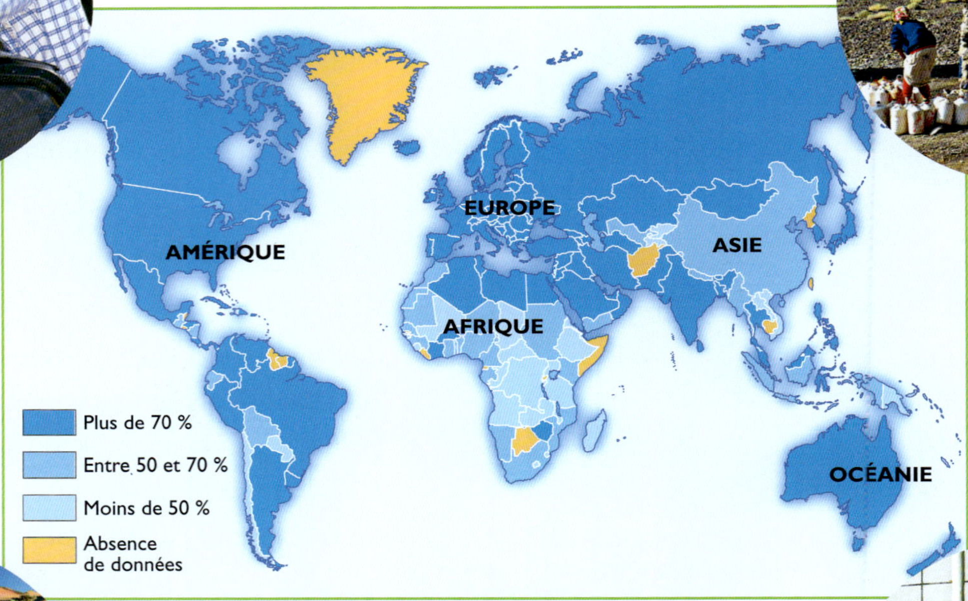

Doc. 1 : L'accès à l'eau potable dans le monde.

1. Que représente ce planisphère ?

2. Qu'est-ce que l'eau potable ?

3. Où se trouvent les pays qui ont le plus accès à l'eau potable ? Est-ce que ce sont des pays riches ou des pays pauvres ?

4. Où se trouvent les pays qui n'ont pratiquement pas accès à l'eau potable ? Est-ce que ce sont des pays riches ou des pays pauvres ?

5. Que représentent les photographies ? Attribue chaque photographie à une région du monde.

répartie sur la Terre ?

6. Que doivent faire les habitants de ce pays pour avoir de l'eau (Doc. 2) ?

7. Où cette femme va-t-elle porter l'eau ?

Doc. 2 : Une femme porte de l'eau (Niger).

Doc. 3 : Une mère donne à boire à son enfant (Ghana).

8. D'après toi, d'où vient l'eau que boit cet enfant (Doc. 3) ?

9. Et toi, ferais-tu pareil ? Pourquoi ?

Doc. 4 : L'accès à l'eau dans les pays riches.

10. Que fais-tu lorsque tu as soif ?

L'agriculture et l'industrie sont les activités humaines qui consomment le plus d'eau.
Nous l'utilisons aussi dans notre vie quotidienne.

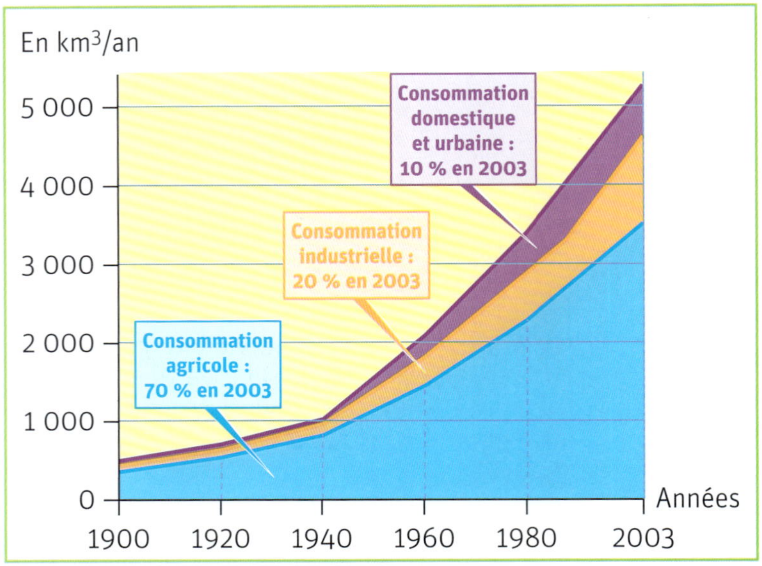

Doc. 1 : L'évolution de la consommation mondiale d'eau de 1900 à 2003.

1. Comment la consommation mondiale d'eau a-t-elle évolué entre 1900 et 2003 ?

2. Quels sont les trois secteurs qui consomment de l'eau ?

3. Quel secteur d'activité consomme le plus d'eau ?

4. Toutes les industries consomment-elles de l'eau ? Pourquoi ?

5. Comment les centrales hydroélectriques utilisent-elles l'eau ?

6. Cite des industries qui consomment beaucoup d'eau.

L'INDUSTRIE ET L'EAU

L'industrie utilise de grosses quantités d'eau, mais toute l'eau utilisée n'est pas forcément consommée.
Les centrales hydroélectriques ne prélèvent pas d'eau, donc elles n'en consomment pas : elles ne font qu'exploiter sa force.
L'industrie nucléaire prélève l'eau mais ne la consomme pas, elle sert au refroidissement des centrales.
En revanche, certaines industries consomment beaucoup d'eau, comme l'industrie du verre et la chimie. L'industrie agroalimentaire consomme également beaucoup d'eau. Il faut 80 litres d'eau pour fabriquer 1 kg de sucre, et 300 litres d'eau pour fabriquer 1 kg de papier.

Doc. 2

LES INÉGALITÉS DE LA CONSOMMATION D'EAU

La consommation moyenne d'eau dans le monde est de 40 litres d'eau par habitant et par jour. Mais ces litres sont bien mal répartis : 700 litres pour un citadin américain, 200 litres pour un Européen, 30 litres pour un Africain, 20 litres pour un Haïtien et 10 litres pour un agriculteur malgache.

Doc. 3

7. Quels sont les pays qui consomment beaucoup d'eau ?

8. Font-ils partie des pays qui ont le plus accès à l'eau potable ? Reporte-toi au planisphère de la page 52.

9. D'après toi, quelle est la cause de ces différences de consommation d'eau ?

10. Qu'est-ce qui est cultivé dans ce champ ?

11. Qu'est-ce qu'une « culture intensive » ?

12. Quel système est utilisé pour arroser cette culture ?

13. D'après toi, quel est l'inconvénient de ce système d'irrigation ?

Doc. 4 : Une rampe d'arrosage irrigue un champ de culture intensive de pommes de terre (Landes, France).

LA SEMAINE MONDIALE DE L'EAU

Le rapport publié par l'Organisation mondiale de protection de l'environnement (WWF) montre que la combinaison des changements climatiques, des épisodes de sécheresse et de la disparition des zones humides (réservoirs d'eau) engendre une crise mondiale, aggravée par des aménagements inappropriés et une mauvaise gestion des ressources.

Dans les villes les plus assoiffées au monde, comme Houston et Sydney, le rythme de consommation de l'eau est bien plus élevé que celui de la reconstitution des réserves.

À Londres, les fuites dues à un réseau de distribution vétuste sont estimées à l'équivalent de 300 piscines olympiques par jour.

Dans les pays méditerranéens, la consommation d'eau liée au tourisme de masse et à l'irrigation de certaines cultures gourmandes en eau met en danger les ressources.

Quant aux pays émergents [en voie de développement], ils ont encore la possibilité de ne pas répéter les erreurs du passé et de s'épargner les coûts élevés qu'entraîne la restauration des écosystèmes d'eau douce détériorés. Malheureusement, la majorité de ces pays a déjà été séduite par de grands projets d'infrastructures, comme la construction de barrages, sans qu'il y ait eu de réelle évaluation des besoins en eau ni de leurs coûts pour les populations et pour la nature.

D'après http://www.wwf.be/fr, 22 août 2006.

Doc. 5

14. Pourquoi y a-t-il des risques de pénurie d'eau ?

15. Que faudrait-il faire pour réduire ces risques ?

16. Quel est le problème de Londres ?

17. Quelle est la situation dans les pays en voie de développement ?

LE DESSALEMENT DE L'EAU DE MER

Alors que l'eau recouvre 75 % de la planète, 15 % de la population mondiale n'a pas accès à l'eau potable. Il faut dire que plus de 97 % de cette eau est salée. Une équation modifiable grâce aux technologies nouvelles, dont il a été question au Forum mondial de l'eau, qui se déroule à Mexico jusqu'à demain. Il existe ainsi le dessalement, dont le coût a fortement baissé ces dernières années. « Il y a douze ans, le dessalement revenait à 8 dollars le mètre cube et on se disait que seuls les pays du golfe Persique ou certaines îles des Caraïbes pourraient se le payer. Aujourd'hui, nous en sommes à 80 cents et ça va encore baisser », explique Loïc Fauchon, président du Conseil mondial de l'eau.

Seul problème, il ne suffit pas d'avoir de l'eau de mer, il faut aussi avoir de l'énergie pour faire tourner les usines. Outre les pays du Golfe, qui détiennent les deux tiers de la capacité mondiale de dessalement, et les îles des Caraïbes, la technologie s'impose aussi en Israël, aux États-Unis et en Espagne.

« Le dessalement, source d'eau potable », C. Lemaistre, *20 Minutes*, mardi 21 mars 2006.

Doc. 1

1. Pourquoi 15 % de la population mondiale n'a-t-elle pas accès à l'eau potable ?
2. Quelles peuvent en être les conséquences sur la vie quotidienne ?
3. Quelle technique peut permettre d'utiliser l'eau de mer pour la consommation ?
4. Les pays qui utilisent cette technique sont-ils des pays riches ou des pays pauvres ?
5. Pourquoi cette situation est-elle amenée à changer dans les années à venir ?

Doc. 2 : Une femme au milieu de panneaux solaires qui alimentent en électricité un système de pompage et d'irrigation (Mali).

6. Grâce à quelle source d'énergie cette installation fonctionne-t-elle ?
7. À quoi sert cette installation ?
8. Qu'est-il nécessaire de faire avant de consommer l'eau captée et pompée ?

UN KIT D'ÉPURATION DE L'EAU

Une paille qui rend buvable l'eau insalubre ! De quoi améliorer un peu la vie du bon tiers des habitants de la planète qui n'a pas d'autre solution que de boire une eau pas très propre. Légère et facile à utiliser, cette paille fonctionne comme une mini-station d'épuration. Aspiré par le buveur, le liquide passe d'abord à travers deux filtres qui retiennent les impuretés. Il slalome ensuite entre des billes imprégnées d'un désinfectant fatal aux microbes. Enfin, du charbon actif capture les parasites. Certes, ce n'est pas un remède miracle, mais ce n'est pas non plus un gadget : chaque jour, 6 000 individus meurent empoisonnés par l'eau qu'ils boivent.

Science et Vie junior, février 2006.

Cette petite fille utilise un kit d'épuration (Ghana).

Doc. 3

9. Observe la photographie.
D'où provient l'eau bue par cet enfant ?

10. Quel système est proposé ici pour boire de l'eau potable ?

11. Comment fonctionne ce système ?

12. Quels sont les avantages de ce système ?

13. Pourquoi cette paille n'est-elle pas « un gadget » ?

BLOC-NOTES

Le gaspillage de l'eau

Beaucoup de gens n'ont pas accès à l'eau potable à la surface de la Terre. Ils vivent en général dans des **pays pauvres** qui n'ont pas les moyens de traiter l'eau.

La consommation d'eau est plus ou moins importante selon le pays dans lequel on vit : en moyenne, un agriculteur malgache consomme 10 litres d'eau par jour, un Parisien en consomme 240 litres et un Américain du Nord 600 litres.

Les pays riches, de par leur activité industrielle et leur mode de vie, **consomment beaucoup** plus d'eau que les pays pauvres et **la gaspillent**.

Une priorité pour l'avenir

L'une des priorités de l'**UNESCO** (Organisation internationale pour l'éducation, la science et la culture) est de définir des stratégies pour **une meilleure gestion de l'eau**, qui permettrait à une plus grande partie de la population mondiale d'avoir accès à une eau de bonne qualité. L'UNESCO réfléchit également aux moyens de financer ces projets.

Agir au quotidien

Tu peux faire des gestes au quotidien pour limiter le gaspillage de l'eau et préserver les ressources.

- Lorsque tu fais la vaisselle, ne laisse pas l'eau couler au moment de rincer. Si tu disposes de deux éviers, remplis-en un avec l'eau de lavage et l'autre avec l'eau de rinçage.
- Fais fonctionner le lave-linge et le lave-vaisselle uniquement lorsqu'ils sont pleins.
- Prends des douches courtes plutôt que des bains.
- Referme le robinet lorsque tu te brosses les dents.
- Dans le jardin, arrose les plantes tôt le matin ou en soirée.
- Recueille l'eau de pluie pour arroser le jardin.
- Ne lave pas la voiture trop souvent.
- N'arrose pas la pelouse en été.

Des espèces vivantes

Notre comportement peut-il influer sur la survie des espèces animales et végétales ?

Doc. 1 : Un éléphant (Kenya).
Chassés pour leurs défenses, les éléphants d'Afrique étaient très menacés dans les années 1980. Des réserves ont été mises en place et le commerce international de l'ivoire a été interdit en 1989. Depuis, six pays d'Afrique australe ont obtenu le droit de commercialiser des quantités très limitées d'ivoire.

Doc. 2 : Des défenses d'éléphants saisies à des braconniers.

1. Pourquoi l'éléphant d'Afrique était-il très menacé ?

2. Qu'ont fait les gouvernements pour le sauver ?

3. Cela a-t-il suffi (Doc. 1 et 2) ?

sont-elles menacées ?

Doc. 3 :
La déforestation
de la forêt amazonienne.

4. Pourquoi l'homme exploite-t-il la forêt amazonienne ?

5. L'exploite-t-il correctement ? À quoi le vois-tu sur la photographie ?

6. Quelle conséquence la déforestation a-t-elle sur les autres espèces vivantes ?

L'activité de l'homme est-elle responsable

Les activités humaines ont des conséquences sur la nature dans tous les milieux de la planète, même dans les déserts. La pollution de l'eau et de l'air, la chasse et la pêche mettent en danger les espèces vivantes.

Doc. 1 :
Un ours polaire sur la banquise (Arctique).

1. Qu'arrive-t-il à la banquise ? Pourquoi ?

2. Pourquoi l'ours polaire est-il une espèce animale en voie de disparition ?

3. Que peut-on faire pour empêcher sa disparition ?
Tu peux t'aider du chapitre sur le réchauffement climatique (pp. 46 à 51).

Doc. 2 :
Une tortue-luth prise dans un filet de pêche.

4. Quel animal est prisonnier de ce filet de pêche ?

5. Que va-t-il arriver à cette tortue ?

6. Pourquoi toutes les espèces de tortues marines sont-elles menacées de disparition ?

7. À ton avis, quelles sont les autres causes de la disparition des tortues ? Tu peux t'aider des chapitres précédents.

Doc. 3 : Un bouquetin des Pyrénées.
Le dernier animal a disparu en 2000.

8. À ton avis, pourquoi cette espèce de bouquetin a-t-elle disparu (Doc. 3) ?

9. Tes parents auraient-ils pu observer ce bouquetin des Pyrénées ?

10. Quelles mesures pourrait-on mettre en place pour empêcher la disparition des espèces vivantes ? Écris un texte pour donner tes idées.

L'homme peut-il empêcher la disparition

L'HUILE DE PALME : L'OR LIQUIDE QUI TUE LA FORÊT TROPICALE

Chocolat, margarine, plats surgelés, rouge à lèvres, shampoing [...] figurent régulièrement sur nos listes de courses et dans nos placards. Mais derrière ces noms innocents se cache un fléau : l'huile de palme. [...] Aujourd'hui, ce sont des millions d'hectares [de culture de palmiers] qui s'étendent à perte de vue en Malaisie et en Indonésie [...] et mettent en péril la forêt tropicale. [...] Dans 5 ans, la forêt de Sumatra aura disparu et avec elle les tigres et les orangs-outans, et que dire de celle de Bornéo [...] ?

Emmanuelle Grundmann, http://www.ruoso-grundmann.com/breve.php3?id_breve=9.

Doc. 1

1. Pourquoi la culture des palmiers met-elle en péril la forêt tropicale ?

2. Quelles espèces animales risquent-elles de disparaître ?

3. Que peut-on faire au quotidien pour sauvegarder ces espèces vivantes ?

Doc. 2 : Un panda (Chine).
Le panda est devenu le symbole du WWF (Organisation mondiale de protection de l'environnement). Il a été déclaré « trésor national » par la Chine en 2000. Mais le panda n'est pas encore sauvé : la déforestation intensive a détruit en 20 ans plus de la moitié de son habitat.

4. À ton avis, qu'est-ce qui a entraîné la disparition du panda dans certaines régions ?

5. Pourquoi le panda est-il toujours menacé ?

6. Pourquoi le WWF a-t-il choisi le panda comme symbole ?

7. Cite d'autres organisations qui agissent pour la protection des espèces, pour l'environnement et le développement durable.

des espèces vivantes ?

Doc. 3 : Les Indiens d'Amazonie manifestent contre la destruction de la forêt.

8. Qui manifeste ? Pourquoi ?

LES FORÊTS « DURABLES »

Les forêts sont le principal habitat de millions d'espèces végétales et animales dont bon nombre sont aujourd'hui menacées de disparition. Si elles sont bien gérées, les forêts peuvent demeurer une ressource renouvelable dont profiteront les générations à venir. L'exploitation judicieuse des forêts représente donc l'un des plus grands défis que le monde ait à relever aujourd'hui.

www.rcfa-cfan.org/french/f.issues.11.html

Doc. 4

9. Pourquoi est-il important de bien gérer les forêts ?

L'ACTION D'UN MILLIONNAIRE

Le millionnaire Johan Eliasch vient d'acquérir deux immenses parcelles de l'Amazonie. Il dit vouloir sauver le poumon de la planète et milite pour que d'autres lui emboîtent le pas.

Doc. 5

10. Qu'a fait Johan Eliasch en Amazonie ? Pourquoi ?

BLOC-NOTES

La disparition des espèces

Depuis des millions d'années, **des espèces vivantes disparaissent de la Terre**. Les causes sont variées : chute de météorite, changements climatiques…

Les activités de l'homme augmentent ce phénomène. Les espèces animales et végétales disparaissent aujourd'hui 1 000 à 10 000 fois plus rapidement que leur rythme naturel d'extinction. L'homme en est le seul responsable.

Des conséquences sur la nature

La **pêche intensive** prend inutilement dans ses filets des millions de poissons non consommables, de tortues marines et de dauphins. La **pollution de l'eau** met en danger les populations aquatiques. L'**agriculture intensive** et l'**exploitation massive des forêts** détruisent les milieux naturels.

Le **commerce illégal** d'espèces exotiques, de peaux, de carapaces… est également une cause de la disparition des espèces vivantes.

Aujourd'hui, au moins 16 118 espèces vivantes sont menacées d'extinction (voir le planisphère au début du livre). **L'équilibre naturel de la Terre est en péril**. En effet, chaque espèce est liée à des dizaines d'autres dans la chaîne alimentaire : un herbivore disparaît et son prédateur n'a plus de nourriture ; un insecte disparaît et le cycle de vie des plantes est bouleversé.

Agir au quotidien

- Refuse d'acheter les produits du commerce illégal des espèces protégées (fourrures, peaux de reptiles, hippocampes séchés, ivoire…).
- Vérifie avant d'acheter un objet en bois qu'il provient d'une forêt gérée durablement.
- Ne pollue pas les milieux naturels.

PETIT DICTIONNAIRE DU DÉVELOPPEMENT DURABLE

B

Biodiversité : ensemble des espèces animales et végétales qui existent sur Terre. Ces espèces sont toutes dépendantes les unes des autres.

C

Combustion des hydrocarbures : pour récupérer de l'énergie, on brûle le carburant issu des hydrocarbures (pétrole, gaz naturel). Cette combustion libère dans l'air des gaz toxiques.

D

Développement durable : façon d'organiser la vie des hommes qui tient compte de l'environnement et qui utilise raisonnablement les ressources naturelles de la Terre tout en les préservant et en les entretenant.

E

Éco-citoyen : personne qui agit en fonction de l'environnement et dans le respect de celui-ci.

Eau usée : eau rejetée par les consommateurs après avoir été utilisée (eau de douche, eau de vaisselle, chasse d'eau).

G

Gaz à effet de serre : gaz (la vapeur d'eau, le dioxyde de carbone, le méthane…) contenus dans l'atmosphère, produits par l'homme et qui retiennent l'énergie solaire. Les gaz à effet de serre participent donc au réchauffement de la planète.

I

Infiltration : action de l'eau qui pénètre dans le sol.

Isolation : action d'équiper une habitation de matériaux qui limitent les échanges de température entre l'intérieur et l'extérieur d'une habitation.

N

Nappe phréatique : réserve naturelle d'eau dans le sous-sol.

P

Pesticide : produit chimique utilisé pour se débarrasser des herbes, des champignons et des insectes. Les pesticides sont dangereux pour les hommes et les animaux.

Phénomène naturel : phénomène déclenché par la nature (séisme, éruption volcanique, raz-de-marée, inondation, cyclone, tempête, avalanche, feu de forêt…).

Pollution : détérioration du milieu naturel (eau, air, terre) par des déchets ou des produits toxiques. Le milieu naturel est alors abîmé.

R

Risque naturel : phénomène naturel qui présente un danger pour l'homme.

Ruissellement : écoulement de l'eau à la surface du sol.

S

Source d'énergie non renouvelable : source d'énergie présente dans la Terre sous forme de gisement, qui ne se renouvelle pas avant des dizaines de millions d'années (pétrole, gaz naturel, charbon) ou qui est en stock limité (uranium).

Source d'énergie renouvelable : source d'énergie (Soleil, eau, vent, chaleur de la Terre) qui se renouvelle suffisamment rapidement pour que l'homme puisse toujours l'exploiter.

Station d'épuration : station qui traite les eaux usées avant de reverser l'eau propre dans le milieu naturel.

Station de traitement des eaux : station qui filtre, nettoie et purifie l'eau du milieu naturel pour la rendre potable.

Achevé d'imprimer en Espagne par Cayfosa
Dépôt légal: 06/2011 - Collection n°74
Edition 06 - 11/7381/4